Paul Noack (Hrsg.)
Freiheit muß erkämpft werden

SERIE PIPER
Band 1439

Zu diesem Buch

»Liebe Kolleginnen und Kollegen, ich vermag dem Kanzler dieser Koalitionsregierung nicht das Mißtrauen auszusprechen, nachdem ich ihm erst vor ganz wenigen Wochen das Vertrauen ausgesprochen habe...« (Hildegard Hamm-Brücher am 1. 10. 1982 im Deutschen Bundestag)

Hildegard Hamm-Brücher (geboren 1921) ist seit 1948 als Politikerin aktiv. Ob als Stadträtin, Landtags- oder Bundestagsabgeordnete, als Staatssekretärin oder Staatsministerin – sie hat immer für die Freiheit (auch für die der Abgeordneten) gekämpft und sich dadurch einen hohen Grad an politischer Glaubwürdigkeit erworben. Die streitbare Politikerin wird in diesem Band von Freunden und politischen Weggefährten gewürdigt. Sie schreiben über Themen, die Hildegard Hamm-Brücher am Herzen lagen und für die sie sich deshalb eingesetzt hat. So entsteht das Profil einer Politikerin, die die deutsche Nachkriegsgeschichte mitgeprägt hat.

Paul Noack, geboren 1925 in Hagen, Studium der Germanistik und neueren Geschichte, Promotion 1953, Tätigkeit als Journalist, von 1968 bis 1986 Professor für Politikwissenschaft an der Universität München, stellvertretender Vorsitzender der »Theodor-Heuss-Preis-Stiftung«, zahlreiche Veröffentlichungen vor allem zu Fragen der Außenpolitik.

Paul Noack (Hrsg.)

Freiheit muß erkämpft werden

Hildegard Hamm-Brücher –
Profil einer Politikerin

Mit Beiträgen von
Inge Aicher-Scholl, Gerhart Rudolf Baum, Hellmut Becker,
Klaus von Bismarck, Hans-Dietrich Genscher,
Erwin Hamm, Hartmut von Hentig, Ludwig Theodor Heuss,
Gerda Koepff, Otto Graf Lambsdorff,
Claus-Jürgen Roepke, Manfred Rommel, Renate Schmidt,
Hans-Jochen Vogel, Alois Graf von Waldburg-Zeil
und Carl Friedrich von Weizsäcker

Piper
München Zürich

Von Hildegard Hamm-Brücher liegen in der Serie Piper vor:
Gerechtigkeit erhöht ein Volk (346)
Der Politiker und sein Gewissen (437)
Kämpfen für eine demokratische Kultur (624)
Der freie Volksvertreter – eine Legende? (1031)

ISBN 3-492-11439-3
Originalausgabe
Mai 1991

Umschlag: Federico Luci,
unter Verwendung eines Fotos von Peter Hense (Mühlheim)
Gesamtherstellung: Clausen & Bosse, Leck
Printed in Germany

Hildegard Hamm-Brücher
zum 70. Geburtstag

Foto: Lotti Ortner (Eichwalde)

Inhalt

Paul Noack

»Ich vermag nicht... ich kann nicht...« – Eine Einleitung

»Liebe Kolleginnen und Kollegen, ich vermag dem Kanzler dieser Koalitionsregierung nicht das Mißtrauen auszusprechen, nachdem ich ihm doch erst vor ganz wenigen Monaten das Vertrauen ausgesprochen habe... Auch kann ich doch nicht ihm allein das Mißtrauen aussprechen und unsere eigenen vier Minister, ja mich selbst, dabei aussparen... Ich kann dem Bundeskanzler nicht mein Mißtrauen aussprechen, nachdem ich noch bis vor zwei Wochen mit ihm und seinen Ministern, mit meinen Kollegen, uneingeschränkt, loyal und vertrauensvoll zusammengearbeitet habe.« So vermerkt es der stenographische Bericht der 118. Sitzung des Deutschen Bundestages vom 1. Oktober 1982.

Der Anlaß dieser Worte war der »Machtwechsel« von Helmut Schmidt zu Helmut Kohl. Die so sprach, war Hildegard Hamm-Brücher; ihr sind die Beiträge dieses Buches zu ihrem 70. Geburtstag gewidmet. Mit der Logik des gesunden Menschenverstandes, der sich dann am wohlsten fühlt, wenn er die Gängelung durch Statuten und Paragraphen hinter sich lassen kann, unterlief sie damals mit ihrer – eben nicht nur emotionalen – Rede die parteipolitischen Schranken, die sie als den Zwang, den man ihr einreden wollte, nicht anerkannte. Sie forderte für sich und jeden anderen das Recht, so zu stimmen, wie es ihr Gewissen verlangte. »Ich kann nicht... ich vermag nicht«, und auch »ich will nicht«, das sind Kennworte ihres politischen Lebens.

Nicht nur in diesem Falle hat man eine Haltung als kühn empfunden, die sie als selbstverständlich empfand. Immerhin wurde diese Ketzerei von einer Frau begangen, die fast vierzig Jahre in der Politik tätig war, von jemandem also, der wußte, wie es in der Politik zuging, und der dennoch nicht wahrhaben wollte, daß alles so sein mußte, wie es nun einmal war. In diesem einen Augenblick kristallisierte sich all das, was sie immer ausgezeichnet hat: der aufrechte Gang, den sie nicht nur von anderen fordern wollte; die fehlende Bereitschaft, Autorität anzuerkennen, nur weil sie als Autorität auftrat; der Wille, nicht nur selbst zu denken, sondern daraus auch stets persönliche Folgerungen zu ziehen. Seit diesem 1. Oktober widerspricht niemand mehr der Einsicht, daß nicht so sehr das sie auszeichnet, *was* sie vertritt, sondern *wie* sie es vertritt. Sie ist die Verkörperung ihrer so oft zitierten Forderung: kein freier Staat ohne freie Bürger.

Hildegard Hamm-Brücher hat mit dieser Haltung, die sie »schwierig« machte, seit 1948 immer wieder Aufsehen erregt, mehr Aufsehen sogar als durch ihre beachtenswerten politischen Leistungen. Tatsächlich waren es nicht in erster Linie die Positionen, die sie innehatte – Fraktionsvorsitzende, Staatssekretärin, Staatsministerin –, die ihr Aufmerksamkeit sicherten. Denn in unserer Zeit sind politische Ämter für Frauen keine Ausnahme mehr, auch wenn sie zu den ersten Amtsträgerinnen gehörte. Was sie »draußen im Lande« – so pflegt man wohl zu sagen – populär machte, das war die Tatsache, daß sie ihren politischen Beruf als Berufung verstand, zu dem die Karriere notwendigerweise dazugehörte, deretwegen sie ihn aber nicht ausübte. Sie hatte viele persönliche Erfolge – oft gegen ihre Partei, die FDP, errungen – zu verzeichnen. Diese setzten sich zusammen aus einer Addition von Intelligenz, von schier unglaublichem Fleiß und einer für den, der sie nicht kennt, nur schwer zu vermittelnden Überzeugungskraft. In den Parlamenten, auch wohl in den Ministerialbürokratien, galt sie nicht selten als »Querdenkerin«, weil sie auch dort Minderheitspositionen so vertrat, als seien sie mehrheitsfähig. Tatsächlich sind sie das oft geworden – aber Jahre später. Die Mittelpunktschule anstelle der Zwergschule, die Gemeinschaftsschule statt der konfessionellen Schule, wie hat sie dafür gekämpft! Sie – die gelernte Naturwissenschaftlerin – durchsäuerte die kühlen und kahlen Fakten so lange mit ihrem Temperament und ihrer Begeisterung, bis aus einer Sachfrage eine Grundsatzfrage wurde: hic Rhodos, hic salta.

In allen ihren Lebensaltern sind ihr nicht zuletzt die Herzen der Jüngeren zugeflogen; sie spürten, daß Weisheit nichts mit Stillstand zu tun haben muß. Diese Jüngeren haben sie auch dann nicht verlassen, wenn sie selbst älter geworden waren. So hat sich eine »Gemeinde« um sie versammelt, die immer größer wurde, doch deren Mitglieder meist nichts voneinander wußten. Andere, vor allem diejenigen, die sich in der deutschen Wirklichkeit eingerichtet hatten, die meinten, irgendwann müsse schließlich die Politik einmal zur »Ruhe« kommen, haben gar nicht erst versucht, mit Hildegard Hamm-Brücher ihren Frieden zu machen. Sie hat sich mit vielen verstanden, mit sehr vielen gestritten und sich mit manchem und mancher arrangiert. Sie war nicht uneingeschränkt kompromißbereit, aber sie kämpfte auch nicht kompromißlos. Und eines blieb letztlich seltsam: So oft sie auch als Einzelgängerin auftrat, so oft holte die Politik, sprich ihre Partei, die FDP, sie wieder. Sie war nie populistisch, aber sie war populär. Und so war das Potential wohl zu groß, als daß die Liberalen auf sie hätten verzichten können. Noch 1990 warben sie mit ihr, die aus der Politik ausschied, mit dem Slogan: »Eine aus unserer Mitte«. Jetzt waren sie auf einmal stolz auf ihre »Schwierige«.

Wie kam es, daß sich gerade Hildegard Hamm-Brücher, aus großbürgerlichem Hause stammend, dieses Amalgam aus Charme und Härte, aus Kompromißlosigkeit im Grundsätzlichen und aus Kompromißfähigkeit da, wo ihre Prinzipien nicht tangiert waren, so ohne Vorbehalt und so früh der Politik ergab? Viele Einzelheiten aus ihrem Leben enthalten die Beiträge dieses Buches; ich möchte mich deshalb kurz fassen. Aber gesagt werden darf, daß ihre Persönlichkeitsstruktur nicht erklärbar ist ohne unsere jüngste Geschichte. Sie ist eine Frau, die erlebt hat, wie sich ein ganzes Volk unter dem Joch der NS-Herrschaft duckte, Schreckliches und Unmenschliches zuließ. Sie – die im Umkreis der »Weißen Rose« aufwuchs – hat gelernt, daß es der einzelne war, der einer Diktatur den Weg ebnete, und daß es deshalb auch nur der einzelne ist, der eine neue Diktatur verhindert. Ich glaube, daß dies ihr politisches Grunderlebnis ist, aus dem sich alles Künftige ableiten läßt. Ein pessimistisch–optimistisches Menschenbild, ein christliches Menschenbild, steht dahinter. Pessimistisch ist sie, weil sie glaubt, daß das, was in

Deutschland geschehen ist, immer wieder geschehen könnte. Optimistisch ist sie, weil sie glaubt, der Mensch sei zu Freiheit und Eigenständigkeit geboren. Es sei möglich, ihm klarzumachen, daß eine auf Freiheit, Toleranz und Widerstandswillen beruhende Demokratie nicht nur eine politische Lebensform unter vielen sei, sondern die einzig bewahrenswerte. Daß sie in- und außerhalb des Parlamentes – der Theodor-Heuss-Preis in den sechziger und ihre Parlamentsinitiative in den achtziger Jahren sind dafür Beispiele – an der Vermittlung dieser Überzeugung gearbeitet hat, scheint mir Beweis genug, daß sie zwar skeptisch geblieben ist, aber die konkrete Hoffnung auf Besserung nie aufgegeben hat.

Es ist das Erstaunliche an Hildegard Hamm-Brücher, daß sie, die öffentlichste aller Menschen, sich stets einen privaten Bereich bewahrt hat, den selbst ihre guten Freunde nur in Bruchstücken kennen. In Teilen bleibt sie auch für diese ein Rätsel. Sie fragten und sie fragen sich nicht nur: Woher nimmt diese Frau die Kraft für immer neue Initiativen? Sie fragen sich auch: Wie schafft sie es, dabei auch noch eine Familie zu haben? Auch dazu gibt dieses Bändchen erste Antworten.

Zweifellos stand für Hildegard Hamm-Brücher zeit ihres Lebens die Bildungspolitik in all ihren Ausprägungen – von der Schulpolitik bis zur auswärtigen Kulturpolitik – im Mittelpunkt ihres Interesses. Das hatte sich so ergeben, seitdem sie wissenschaftliche Mitarbeiterin bei der »Neuen Zeitung« in München war, eine Tätigkeit, bei der sie übrigens Theodor Heuss, ihr großes Vorbild, kennengelernt hatte. Das war zudem der Ausdruck ihres volkspädagogischen Eros. Aber etwas anderes steht noch dahinter: die Treue zu den Menschen wie die Treue zu einem einmal gewählten Sachgebiet, solange dieses noch der Stützung und Verbesserung bedarf. Ihre Treue zu den Menschen ist sprichwörtlich. Ich will hier keine Namen nennen, denn jede Nennung wäre die ungerechtfertigte Benachteiligung eines nicht Genannten. Aber eines ist klar: Ihre Beständigkeit ist das Korrelat zu einer politischen Phantasie, die immer wieder neue Initiativen gebiert. So kommen wir in einem Zirkelschluß auf die Anfangsszene im Bundestag zurück. Auch die war ein Zeichen dafür, daß sie nichts aufgibt, was nicht aufgebenswert ist.

Deshalb hat Hildegard Hamm-Brücher, typisch für sie, den Abschied von Bonn nicht als einen Abschied von der Politik verstanden. In der Sitzung, die sie für ihre letzte hielt, hat sie ihre Rede so beschlossen: »Ich möchte zu Abschied und Neuanfang als persönliche Erfahrung zitieren, was Hermann Hesse in seinem Gedicht ›Stufen‹ so verdichtet hat:

›Es muß das Herz bei jedem Lebensrufe
bereit zum Abschied sein und Neubeginne,
um sich in Tapferkeit und ohne Trauern
in andere, neue Bindungen zu begeben.
Und jedem Anfang wohnt ein Zauber inne,
der uns beschützt und der uns hilft, zu leben.‹«

Und sie fügte hinzu: »Dieser Zauber des Neuanfangs, liebe Kolleginnen und Kollegen, der uns beflügeln kann und beflügeln soll – das ist es, was ich Ihnen in Dankbarkeit für viele Jahre des Mit-, gelegentlich auch des Gegeneinanders zum Abschied wünsche.«

Aber es war noch nicht ihr »letztes Wort«, wenn auch dieser »Abschied« schon zeigte, wie wenig das Bild von der *nur* streitbaren Hildegard Hamm-Brücher stimmte. Das »richtige« Ende kam erst am 31. Oktober 1990, und da verteidigte sie, auch dies typisch für sie, ihre letzte Initiative, die Initiative zur Parlamentsreform, der sie einen großen Teil der letzten fünf Jahre ihres Wirkens im Bundestag gewidmet hat. Noch einmal beschwor sie die Abgeordneten, im Streben nach dem »aufrechten Gang« nie nachzulassen. »Zuerst und zuletzt gilt«, so sagte sie, »Eigenverantwortung, Initiative, Ansehen, Glaubwürdigkeit, Zivilcourage des Hauses und seiner Abgeordneten... [Das] ist jedem einzelnen Abgeordneten als Verfassungsauftrag auferlegt... Ich sage Ihnen: Es gibt mehr Möglichkeiten für den einzelnen Abgeordneten in diesem Parlament, als man gemeinhin annimmt... Auch für unseren demokratischen Mikrokosmos, das Parlament, gilt die Erkenntnis, daß die äußere Freiheit der vielen durch die innere Freiheit des einzelnen Abgeordneten bestimmt wird.«

Das, was folgt, sind Beiträge zur Biographie und Leistung

einer Frau, deren persönliches Profil das politische Profil der Bundesrepublik wesentlich mitgeprägt hat. Es ist ihre Unverwechselbarkeit in einer politischen Welt, die die Neigung hat, die Menschen, die sich in ihr bewegen, bis zur Unkenntlichkeit abzuschleifen, die es zu erinnern gilt. Deshalb wird sie dort fehlen. Ansonsten aber sei der Stoß-Seufzer gestattet: Gott sei Dank ist sie noch sehr lebendig unter uns.

Anmerkung des Herausgebers: Die folgenden Beiträge sind, vielgestaltig in Form und Inhalt, alphabetisch nach den Verfassernamen eingeordnet. Im Wechsel von Sachgebundenheit, persönlichem Bericht, privater Erinnerung soll so etwas wie die »ganze« Hildegard Hamm-Brücher entstehen. Bei dieser Arbeit haben Hannelore Kreuter und Elisabeth Schmidt unschätzbare Dienste geleistet.

Inge Aicher-Scholl

Widerstand als Grunderfahrung

Ein Kind, das die drohende Verschleppung seiner geliebten Großmutter nach Theresienstadt erlebte, wird die Frage nach dem Sinn des Widerstandes nie stellen. Es hat Widerstand bis in die letzte Faser seines Herzens begriffen, und dies begleitet seinen ganzen späteren Lebensweg.

Eines dieser Kinder ist Hildegard Brücher. Sie verlor schon kurz vor Beginn des Dritten Reiches ihre Eltern durch einen frühen Tod und mit ihnen ein behütetes Zuhause.

In der Biographie von Hildegard Brücher erzählt Ursula Salentin*, welche Rolle die Großmutter im Kinderleben der Waisen nach dem Tod ihrer Eltern spielte – die »allerwichtigste Person«, wie die elfjährige Hildegard sagt. Die Großmutter versucht den drei jüngsten Enkeln in ihrem schönen Dresdner Haus das Heim zu ersetzen und den Raum der Geborgenheit zu geben, den sie verloren hatten. Hildegard wird als ein kontaktfreudiges, dem Leben zugewandtes, strahlendes Kind geschildert, das leicht wieder Anschluß an neue Freundinnen findet. Das Herzstück aller Beziehungen waren für sie die beiden Geschwister, für die sie eine außergewöhnliche Verantwortung empfand.

Die jüdische Großmutter gibt sich alle Mühe, den zunehmenden Terror des NS-Regimes vor den Enkelkindern zu verbergen, bis sie schließlich doch erfahren müssen, welche dunklen Wolken sich über ihrem Leben zusammenziehen. Jetzt ist es Zeit, die Kinder in einer noch humanen Internatsschule, in Salem, unterzubringen. Das heißt für die Großmutter, sich von dem Inhalt

---

* Ursula Salentin: »Hildegard Hamm-Brücher – Der Lebensweg einer eigenwilligen Demokratin«, Herder Taschenbuch 1315, Freiburg/Brsg. 1987.

ihres Lebens zu trennen. Aber auch in Salem verlangt das Regime eines Tages die Entfernung »jüdisch versippter« Schüler. Nachdem die jüngeren Geschwister bei Privatleuten Unterkunft finden, nimmt die siebzehnjährige Hildegard ihr Leben selbst in die Hand und meldet sich in einem Mädchengymnasium in Konstanz an. Hervorragende Leistungen, das begreift das Mädchen schnell, können eine indirekte Form des Widerstandes sein, die Grundlage der Selbstbehauptung in einer feindlichen Welt. – Hildegard Brücher hat das Glück, anschließend als Chemiestudentin an der Universität München unter dem Schutz des Nobelpreisträgers Professor Heinrich Otto Wieland unterzukommen, der grundsätzlich auch rassisch Verfolgte und politisch Gefährdete in seinem Chemischen Institut aufnahm.

Mit Professor Wieland tritt ein ermutigender Mentor in das Leben von Hildegard Brücher. Man erzählt von ihm, er habe sich, als das NS-Regime begann, überlegt, was er dagegen tun könne, und er sei zu dem Entschluß gekommen, allen verfolgten jüdischen Menschen, die ihm begegneten, nach Kräften zu helfen. Seine Waffe waren sein Renommée als Nobelpreisträger und seine »kriegswichtigen« Forschungen.

Während ihres Studiums erlebt Hildegard Brücher die erschütternden Ereignisse um die Weiße Rose, die Geschwister Scholl und ihre Freunde, die wegen ihrer Widerstandsaktionen zum Tode verurteilt wurden. Darunter war auch Hans Konrad Leipelt, ein Kommilitone, der mit ihr im Chemischen Institut arbeitete. Die Zeit wird für sie zu einer zunehmenden Bedrohung. Der Freitod der Großmutter, mit dem sich diese gegen die Vernichtung in Theresienstadt wehrte, hat sie tief getroffen: nicht Abschied nehmen, nicht noch einmal danken dürfen, dem geliebten Menschen in der Verzweiflung der Todesstunde nicht nahe zu sein. Diese Erlebnisse sind ausschlaggebend für ihr weiteres Leben, sind der Anstoß für sie, den politischen Weg einer wissenschaftlichen Karriere vorzuziehen.

Professor Wieland hielt während ihres ganzen Studiums schützend die Hand über Hildegard Brücher. Den Verdacht, sie könne Verbindung mit dem Kreis der Weißen Rose gehabt haben, konnte er der Gestapo glaubwürdig ausreden; sie habe ja während dieser Zeit im Krankenhaus gelegen.

In der Obhut eines solchen Schutzpatrons konnte das inzwischen erwachsene Mädchen wieder strahlen, wie als Kind damals in der Geborgenheit der Großmutter. Jutta Lauer, eine Kommilitonin von Hildegard Brücher im Wielandschen Chemischen Institut schildert dies in einem Brief:

»Wintersemester 1941, meine ersten Tage am altehrwürdigen Institut in der Sophienstraße in München. Im ersten Stock habe ich meinen neuen Laborplatz bezogen; jeden Morgen um acht Uhr beginnt das Arbeiten, nachdem man den Mantel vertauscht hat gegen den weißen Kittel. Den Tag über lauter Gestalten in Weiß! Um 17 Uhr ist der Tag geschafft, für jeden auf seine Weise: anorganisch-organisch, analytisch-synthetisierend, qualitativ-quantitativ, immer etwas zum Brauen und Schauen. Genau, wie nur irgend möglich, und unempfindlich gegen Gerüche. Viel Wundersames sieht und hört man in den Vorlesungen. Eine schöne, erfüllte Zeit: bis zum Abend zusammen mit vielen Lehrern und Studierenden. Man kennt sie längst nicht alle; mit ganz wenigen kommt man in eine Beziehung...

Hildegard Brücher stürmt in die alte Kellergarderobe nach einem langen Tag, und mit ihr weht herein eine ganze Welt von Freude, Positivität, Aufrichtigkeit, Freiheitsliebe, Reife und Zukunft. Ihre schöne äußere Erscheinung, die jeder ahnen kann, der sie heute sieht. Keine ›kleine Pummelige‹, wie sie es von sich meinte, sondern eine sehr gut aussehende, kraftvolle, strahlende junge Frau. Damals, als ich sie das erste Mal sah, sie mich begrüßte als ein neues Gesicht im Labor, fühlte ich eine Begegnung mit einem Menschen, mit dem ich etwas zu tun hatte. Sie machte mir den Studienbeginn und den Beginn des selbständigen Lebens – gerade 19 Jahre alt – einfach leichter, ohne daß sie es wußte...

An einem ganz heißen Tag, das weiß ich noch, fuhren wir, Hildegard B. und ich, schon früher aus München heraus und gingen schwimmen im Starnberger See. Das ›Undosa‹ war die Badeanstalt und herrlich gelegen mit Blick über den See in die Berge. Hildegard startete mit einem Hechtsprung in den See und kraulte davon – bis über den halben See und zurück. Ich staunte und zog meine eigenen bescheidenen Kreise.«

Das unmittelbare Erlebnis der Weißen Rose war für Hildegard Brücher von tiefgreifender Wirkung. Ihre Biographin schreibt:

»Die Geschwister Scholl und ihre Freunde hatten ihr Leben für ihre Ideale geopfert. Den Überlebenden, auch Hildegard Brücher, stellten sich für viele Jahre, wenn nicht für immer, die nicht zu beantwortenden Fragen: Hätten nicht auch sie sich mutig opfern müssen? Was wäre erreicht worden, wenn alle antifaschistisch Denkenden wie die Opfer der ›Weißen Rose‹ gehandelt hätten?« In der Biographie heißt es weiter: »Hildegard Hamm-Brücher betrachtet ihr späteres politisches Engagement als eine Art Rechtfertigung gegenüber den Gesinnungsfreunden. 1963 schrieb sie in der Liberalen Studentenzeitung: ›Mit ihrem Protest, mit ihrem Opfertod wollten sie nichts anderes, als etwas von der Schuld abtragen, die Deutschland vor Gott und der Welt auf sich geladen hatte. Deshalb wäre es auch falsch, den Widerstand dieses Kreises am äußeren Erfolg messen zu wollen. Es war eben keine politische Aktion, sondern ein menschlicher Protest und ein bewußtes persönliches Opfer. ›Ihr Geist lebt‹ stand damals von unbekannter Hand geschrieben auf den Litfaßsäulen, die die Urteilsvollstreckung verkündeten. Lebt er auch heute noch? Wenn es so etwas wie ein Vermächtnis dieser heldenhaften und lauteren jungen Menschen gibt, so ist es nur das eine: Verantwortung mitzutragen für eine menschenwürdige staatliche und gesellschaftliche Ordnung, das eigene Gewissen zu schärfen und gegen Unrecht und Unmenschlichkeit aufzubegehren – selbst um den Preis der persönlichen Freiheit, ja des Lebens.« Diese Maxime durchzieht die gesamte politische Aktivität, die seit dem Ende des NS-Regimes das Leben von Hildegard Hamm-Brücher bestimmt.

Was war Widerstand eigentlich? werde ich des öfteren gefragt. Hitler stürzen, das Regime beseitigen? Die Freiheit durch einen Umsturz erreichen? Es gab solche Absichten und Versuche innerhalb der vielschichtigen Bewegung des Deutschen Widerstandes. Aber Widerstand war noch etwas anderes: Letzten Endes stand hinter all diesen Wagnissen das Gewissen, gegen die Rechtlosigkeit, die Unmenschlichkeit einzuschreiten; auf die Seite der Unterdrückten, der Verfolgten und Verlassenen zu treten und ihnen zu zeigen, daß sie nicht verlassen sind, ihnen noch Zeichen der Solidarität zu geben. Aktiver Widerstand erfordert in einer totalitären Diktatur eine extreme Risikobereitschaft, die kaum zu erfüllen war. Aber es gab passiven Widerstand, kleine Zeichen des Mutes, der Hilfe, ein Blick oft konnte es sein, der einen Getretenen wieder aufrichtete. In einem totalitären Regime, das von den Menschen ständig den Nachweis der Ergebenheit fordert, von der Beteiligung an öffentlichen Hilfswerken bis zur Teilnahme an öffentlichen Kundgebungen, wird schon die Verweigerung zu einem Akt des Widerstandes. Wer sich aus der Volksgemeinschaft ausklammert, zieht einen Argwohn auf sich, der einen Menschen nicht selten im Gefängnis oder im Lager enden läßt.

Die Erfahrungen eines passiven, eines inneren Widerstandes, die Hildegard Brücher machen mußte, hat sie, als der Weg endlich frei war, nach außen gekehrt, hat ihn in die Verwirklichung einer Humanität verwandelt, die man so lange unterdrückt und verletzt sah, hat die Freiheit und die Demokratie in konkrete Arbeit umgesetzt. Aus dem Nein, das sie der Politik und der Gesellschaft in ihrer frühen Jugend entgegenstellen mußte, hat sie ein großes Ja entfaltet, dem sie in der Mühsal ihres politischen Weges folgte, als Journalistin, als Landtagsabgeordnete in Bayern, als Staatssekretärin im Land Hessen und in Bonn, in ihrer kulturellen, bildungspolitischen und außenpolitischen Tätigkeit. Sie hat sich voll hineingestellt, mit Sachkenntnis, mit Phantasie, mit zäher Durchhaltebereitschaft.

»Ihr Lebensweg ist eindeutig motiviert«, schreibt ihre Biographin: »Es sind die Erinnerungen an die Unrechtszeit des Dritten Reiches, die sie nie losgelassen, die ihre Lebensrichtung bestimmt und sie in die Politik geführt haben. – Seither kämpft sie unnachgiebig gegen alles ›Nazistische‹, mag es sich noch so geschickt tarnen, und für jede auch noch so geringe Chance der Demokratisierung in unserem Land. ›Ich habe ja nicht beschlossen, Politikerin zu werden‹, antwortete Hildegard Hamm-Brücher, wenn man sie nach ihrer Berufswahl fragt, ›sondern ich mußte mitansehen, wie Freunde und Verwandte verfolgt und getötet wurden. Daß sich dies nie wiederholt, dabei wollte ich mithelfen!‹«

»Wir haben nichts gewußt.« Das war die Antwort des deutschen Volkes in seiner größten Mehrheit, als sich nach dem Zusammenbruch des Nazi-Regimes der Vorhang über den Greueln lüftete. Daß Wissen nur entstehen kann, wenn man wissen will, war offenbar im Bewußtsein nicht vorhanden. Daß Gewissen und Wissen in einem engen Zusammenhang stehen, das stand schon vor Hitler nicht in den deutschen Schulbüchern. Es hatte keinen Zugang in der vernagelten obrigkeitsstaatlichen Treue der deutschen Kultur, bei der der Nationalismus geradezu religiöse Züge annahm. Über Gott und die Welt nachdenken – das ist eine Sache. Mit den Augen sehen, daß ein jüdischer Mitschüler aus der Klasse verschwindet, das wäre eine Frage wert gewesen. Daß ein braver Nachbar, weil er Kommunist ist, ins KZ gebracht wird – ja was kann man da machen. Aber seine in Not geratene Familie? Die Kristallnacht hätte zum Hinschauen alarmieren müssen und hätte vielleicht den ersten Schritt zum bescheidensten passiven Widerstand auslösen können.

»Wir haben nichts gewußt...« Das mag für viele zutreffen. Im Verschweigen war das Regime ein Meister. Das Nichtwissen war aber auch ein Nichtwissen-Wollen. Von diesem Verdrängungsmechanismus machten gerade jene Gebrauch, die das Wissen besorgten, die Intelligenz, die Studenten und Lehrer der Universitäten, die Schriftsteller, der deutsche Geist.

Seit es durch Preußen wieder einen großen deutschen National-Staat gab mit einem Übervater, dem deutschen Kaiser, und einem Staatenlenker wie Bismarck, durfte der deutsche Geist wieder Geschichte spielen, das Große denken, das Überpersönliche verherrlichen. Er war gefangen von Weltperspektiven und hatte, als die NS-Saat aufging, keinen Blick mehr für die Verhaftung eines Arbeiters oder Pfarrers oder den Abtransport eines jüdischen Mitbürgers. »Wo gehobelt wird, fallen Späne.« Das engt den Blick ein und läßt nur das gelten, was in die Perspektive paßt. Dann entdeckt selbst der Biologe in der Natur das Führerprinzip, und auch der Theologe hat theologische Motive dafür, daß die Welt von oben gelenkt wird. Das Reich erfährt eine Verherrlichung, die blind macht gegenüber dem, was dem einzelnen angetan wird. Der Glaube an das Überpersönliche, an die Nation, an den Auftrag der Geschichte erhebt das Auge so hoch, daß es keine Niederungen mehr wahrhaben will.

Für Hildegard Hamm-Brücher wird es zur Lebensaufgabe,

eine Erziehung, eine Schule zu fordern, die den Blick öffnet, das Hinsehen lehrt, das Fragen ermöglicht, das Kritik stimuliert und das Tatsächliche eher wahrnimmt als jede Art geistigen Überbaus. Sie will sich nicht nur zu einer liberalen Humanität *bekennen*, sie will sie auch verwirklichen. Das Erlebnis, die Schmach des deutschen Denkens wird zu einem Lebensappell.

Die Bildungspolitik wird zum Hauptanliegen ihrer ganzen politischen Laufbahn. »Nach-Hitler-Zeit, das hätte Befreiung von tausendfachen obrigkeitsstaatlichen Fesseln bedeutet, eine politische Bewußtseinsbildung für die unerläßliche ›Verfassung der Freiheit und das Wagnis des Wandels‹, schon damals konkret und konsequent«, äußerte sie sich zu ihrer ersten Kandidatur für den Münchner Stadtrat.

Ihre Gehversuche zur Verwirklichung ihrer schulreformerischen Ideen später im bayerischen Landtag auf dem steinigen Boden einer reaktionären Tradition waren eine harte Bewährungsprobe. Erst allmählich änderte sich die bildungspolitische Einstellung in der Bundesrepublik. Überregionale Ausschüsse wie z. B. der »Deutsche Ausschuß für das Erziehungs- und Bildungswesen« bemühten sich, das Verständnis für diese Entwicklung zu wecken. Hildegard Hamm-Brücher lernt bei umfangreichen Reisen im Ausland die dortigen Bildungssysteme kennen, über die sie in führenden Zeitungen Berichte publiziert. In ihrem rororo-Buch »Aufbruch ins Jahr 2000« äußert sie sich dazu: »Meine Berichte sind insofern nicht fachmännisch, als ich weder gelernter noch wissenschaftlich vorgebildeter Pädagoge bin, vielmehr nichts als eine bekennende liberale und demokratische Politikerin, der es angesichts des raschen Wandels aller gesellschaftlichen, politischen und technischen Bedingungen um die Stabilität und Bewährung dieser Staats- und Lebensform in unserem Lande geht.« Zeitlebens bleibt das Thema Widerstand bei Hildegard Hamm-Brücher untrennbar mit dem Kern ihrer politischen Tätigkeit verbunden.

Widerstand setzt Aufklärung voraus. Ohne Nachdenken, ohne Bereitschaft zu Information und Kritik wird Widerstand schnell sein Rückgrat verlieren. Widerstand heißt Spontaneität, Phantasie; Kopf und Herz müssen sich verbünden, damit das Gewissen handeln kann. Die Fähigkeit spontanen Handelns und Solidarisierens muß gepflegt und trainiert werden.

Eines der großartigsten Beispiele des europäischen Widerstands gegen die Besatzung des NS-Regimes dürfte die Geschichte des Hugenotten-Dorfes Le Chambon* in Südfrankreich während der Jahre des Zweiten Weltkrieges 1942–1944 gewesen sein. Im vollen Bewußtsein dessen, daß die Vichy-Regierung, die deutsche Wehrmacht und die SS die Macht besaßen und den Alltag der Bevölkerung überwachten, als Rechtlosigkeit, Verhaftung und Tod ständig drohten, leistete der Pfarrer des Dorfes mit seiner Gemeinde gewaltlosen Widerstand, indem er Tausende von jüdischen Kindern und Erwachsenen vor dem Tod rettete. Dem Pfarrer war es gelungen, den Gemeinderat dafür zu gewinnen, aus Le Chambon eine Zufluchtsstätte zu machen. Mit einigen Sätzen aus dem Buch von Philip Hallie über Le Chambon sollen die Bewohner dieses Dorfes charakterisiert werden: »Man kann die Rettungsaktion von Le Chambon nicht verstehen, wenn man davon ausgeht, daß das Dorf eine Organisation mit gut zusammenarbeitenden Teilen gewesen sei. Verstehen kann man sie nur, wenn man sich vor Augen führt, wie besonnen die Rettungsaktionen ins Werk gesetzt wurden – besonnen in dem Sinn, daß sie mit größter Verschwiegenheit, ja Vorsicht durchgeführt wurden. Erstaunlicherweise gab es unter denjenigen, die Flüchtlinge in ihr Haus aufnahmen, keinerlei ›Klatschbasen‹ oder Leute, die zuviel Worte darüber verloren hätten, oder Angsthasen – wenigstens habe ich nichts davon gehört. Magda Trocmé (die Frau des Pfarrers) mit ihrer kraftvollen, raschen Art zu sprechen und ihrem umfassenden Wissen um alles, was in den Häusern von Le Chambon geschah (niemand wußte mehr davon, außer vielleicht ihr Mann), bewahrte während der Besatzungszeit absolutes Stillschweigen über diese Aktionen. Ein Bewohner von Le Chambon sagte einmal zu mir:

---

* Philip Hallie: »... Daß nicht unschuldig Blut vergossen werde« – Die Geschichte des Dorfes Le Chambon und wie dort Gutes geschah, Neukirchener Verlag, Neukirchen.

›Mit Schwätzern hätte man keine Flüchtlingsstadt schaffen können.‹ Die Leute von Le Chambon schwiegen über ihre ›Nebenbeschäftigung‹.« Diese Mischung aus Individuation und Gemeinsamkeit, so wird weiter berichtet, zeigte sich am deutlichsten bei dem wichtigen Geschäft, Personalausweise und Lebensmittelkarten für die ausländischen Flüchtlinge herzustellen. Ohne rasche, selbständige Entscheidung der einzelnen Dorfbewohner von Le Chambon wäre jede Hilfe zu spät gekommen.

Diese Geschichte bringt die Frage von Hildegard Brücher in die Erinnerung zurück: »Hätten nicht auch wir so handeln sollen wie die Menschen des Widerstandes? Was wäre erreicht worden, wenn alle antifaschistisch Denkenden so gehandelt hätten?« Hier muß man einwenden, daß diese starke Solidarisierung wie in dem einsam gelegenen Dorf Le Chambon auf deutschem Boden nicht mehr zu schaffen gewesen wäre. Ganz Deutschland glich einem Minenfeld von Überwachung und Bespitzelung. Trotzdem gab es auch bei uns Beispiele solchen Mutes, jedoch eher in einzelnen Familien oder Häusern, die es wagten, politisch Gefährdete aufzunehmen. Und es gab auch organisierte Aktionen des Widerstandes wie die Rote Kapelle oder den 20. Juli. Es gab die spontane Verbreitung der Predigten des Bischofs von Galen. Auch mein Bruder Hans hatte, so berichtete ein überlebender Augenzeuge, die Idee erwogen, an allen deutschen Universitäten illegale studentische Zellen zu errichten, die schlagartig übereinstimmende Flugblattaktionen ausführen sollten. Ehe dafür überhaupt erst praktische Schritte eingeleitet werden konnten, hatte die Gestapo zugeschlagen.

Die Weiße Rose ist ein deutliches Beispiel, welche übermenschliche Arbeit mit der Herstellung und Verbreitung von Flugblättern in diesem kleinen Kreis bewältigt werden mußte, eben *ohne* Organisation, um die Gefährdung im engsten Rahmen zu halten.

Wir leben mit der Erfahrung, daß es immer einzelne oder kleinste Kreise, Bruchteile der Bevölkerung sind, die eine notwendig gewordene positive Entwicklung vorantreiben. So auch der deutsche Widerstand. Man sprach von Elite. Inzwischen hat man den Begriff »Minorität« entdeckt – immer noch die Wenigen, aber nicht mehr elitär. Die Opposition, die die Friedensbewegung jahrzehntelang in Gang gehalten hat, ist über die Elite hinweggegangen und hat sich der Minoritäten bedient, ohne ihnen ihre Eigenheit zu nehmen. Der Wunsch, die Minoritäten möchten sich erweitern, sich durch die Aufgaben, bei denen es sich um Überlebensfragen handelt, vergrößern, an Einfluß zunehmen, ist mehr als eine Utopie. Das Erlebnis der Menschenkette im Herbst 1983, als sich zwischen Stuttgart und Ulm quer über die Schwäbische Alb Tausende und Tausende von Menschen die Hände reichten, um den gemeinsamen Widerstand gegen die Aufstellung von Mittelstreckenraketen in diesem Land sichtbar zu symbolisieren, wird niemand vergessen, der dabei war.

Inzwischen lernen wir mehr und mehr zu begreifen, daß nicht nur die lebensfeindlichen Atomwaffen uns bedrohen, wir empfinden zunehmend, in welche Welt von Schädigungen und Zerstörung wir uns hineinmanövrieren lassen. Und wieder sind es Minoritäten, die Hand anlegen, Änderungen ausprobieren und Maßstäbe setzen. Und wieder der Wunsch, sie möchten viele anstecken mit ihrer menschlichen Vernunft, mit ihren kleinen Schritten und Taten.

Noch ein weiterer Gedanke, der beim Nachdenken über das Phänomen Widerstand aufkommt: die Entwicklung des Widerstandes, mit der Aggression fertig zu werden, sie hinter uns zu lassen. Die Auseinandersetzung in einem in diesen Tagen ausgebrochenen Krieg, der die Menschen aufs tiefste beschäftigt und verunsichert, sollte uns nicht davon abhalten, diesen schweren Lernprozeß anzunehmen, indem wir konsequent andere Methoden der Politik fordern. Wir müssen Abschied von der Gewalt nehmen. Dies verlangt Entschiedenheit und das Vertrauen in kleine Schritte. Die Geschichte des Dorfes Le Chambon ist mir als Beispiel in diesem Zusammenhang so wichtig, weil es eine Weiterentwicklung des Widerstandes signalisiert. Es ist die Geschichte eines gewaltfreien Widerstandes, einer von Erfolg gekrönten gewaltfreien Aktion. Vielleicht könnte dieser Gedanke helfen, einen Prozeß in Gang zu setzen, der die lähmende Erstarrung durch Aggressivität wieder in Bewegung bringt, ja der zu einer Faszination und Hoffnung werden kann. Dieser Prozeß müßte in den Bereich der praktischen Politik übergreifen, müßte das Bewußtsein konkretisieren, daß Aggressivität und Krieg keine Möglichkeit der Auseinandersetzung in politischen Krisen mehr sein können.

Politiker haben nicht nur Ziele. Sie haben auch eine Herkunft. Das schlägt sich nieder in einer Art Mentalität, drückt sich aus selbst in kleinen Redewendungen.

Es war weniger eine Fehlleistung als ein Programm, als Bundeskanzler Helmut Kohl von der »Gnade der späten Geburt« sprach. Er nahm für sich in Anspruch, daß ihn keine persönliche Schuld träfe, was das Dritte Reich betrifft, und konnte sich damit zum Wortführer all derer machen, die eine Schuld am Dritten Reich von sich wiesen. Das ist subjektiv glaubwürdig. Er, der nur in der Hitlerjugend war, paktierte nicht mit dem, was damals geschah. Er nahm es nicht wahr und konnte all die verstehen, die eine Verquickung mit damals von sich wiesen, gerade dann, wenn ein Ausland, das nur Zuschauer war, sich zum Richter der deutschen Geschichte erhob.

Beim Treffen mit Ronald Reagan in Bitburg zeigte sich, was hinter diesem Programm stand. Eine Versöhnungsgeste auf einem Soldatenfriedhof sollte die Nachkriegszeit beenden und eine Wende einleiten, sollte einen Schlußstrich ziehen unter Hitler und den Faden der deutschen Geschichte vor diesem Unglücksfall wieder aufnehmen.

Helmut Kohl verstand sich als der unbelastete Deutsche und wollte einen Neuanfang derer, die keine Schuld hatten. Er wollte das Kapitel Drittes Reich verschnüren und mit einer großen Geste wegpacken. Ein deutscher General und ein amerikanischer General gaben sich an den Kriegsgräbern die Hand. Ein großes Ehrenmal sollte zur Verabschiedung von Geschichte beitragen. Es sollte die Opfer des Krieges, des Widerstandes, der KZs, der Bombennächte, aber auch der Waffen-SS, einfach alle Opfer der Nazi-Zeit vereinen, die damit abgeschlossen sein sollte.

Niemand kann auf den Gedanken kommen, Helmut Kohl habe irgend etwas mit den Nazis zu tun gehabt. Er war die harmloseste Form des ahnungslosen Mitläufers. Genau das aber, die eigentliche deutsche Schuld, nämlich blind mitgemacht zu haben, lag ihm so auf dem Gewissen, daß er den Versuch machte, sie unter einer Geschichtskorrektur zu begraben, die da hieß: Hitler war nur ein Unfall, nur eine Episode, worauf ähnlich betroffene Historiker ergänzten: Er hat es von anderen gelernt. Als man auf dem Soldatenfriedhof dann auch noch Gräber der Waffen-SS entdeckte, gab es eine weltweite Entrüstung. Ronald Reagan mußte sein Programm ändern und die Symbolik herunterstufen. Jüdische amerikanische Bürger sandten eine Delegation, die Gräber des Deutschen Widerstandes und des Holocaust aufsuchte als Protest gegen den Versuch, Opfer und Henker nicht nur in einem Ehrenmal, sondern auch als entwertete historische Masse zusammenzulegen.

Diese Delegation besuchte am 3. Mai 1985 auch die Gräber der Weißen Rose in München. Wir standen schweigend im Regen vor den Kreuzen, als Hildegard Hamm-Brücher plötzlich unter uns stand. Sie war von Bonn herübergeflogen, konnte nur eine halbe Stunde da sein, aber wollte unter einem Häuflein des Protestes gegen eine neue Geschichtslüge stehen und den Überlebenden von Auschwitz und den Überlebenden des Widerstandes die Hand drücken.

Sie hat keine Erklärung abgegeben, keine Pressemitteilung verbreitet und hat doch damit die Ehre des Deutschen Bundestages retten helfen.

Das kann nur ein Politiker, der zu seiner Herkunft steht, ja der zu zeigen hat, daß Politik nicht das Geschäft der Opportunität ist, sondern eine humane Erfahrung darstellt.

Nicht jeder hat dieselbe Erfahrung einer mit Füßen getrampelten Humanität. Mancher hat die Entwürdigung des Menschen als Ausbeutung erfahren, mancher als Entmündigung. Bei Hildegard Hamm-Brücher ist die Erfahrung einer geschundenen Menschheit zugleich die Erfahrung einer Schuld. Nicht einer moralischen Schuld, sondern einer historischen. Die gibt es. Es ist im besonderen die Einsicht in das Versagen der Intelligenz damals. Der Widerstand der Weißen Rose war ja nicht nur politische Aktion, sondern vielleicht zuerst sogar der Versuch, Studenten, Universitätslehrer, Intellektuelle, den deutschen Geist wachzurütteln und seinen Untergang in einer Mitläuferherde aufzufangen. Hier bleibt ein Rest Schuld für jeden, der an die Kraft des Denkens, der Einsicht, der Intelligenz glaubt.

Wie berechtigt ein solches Schuldgefühl ist, zeigt gerade Bitburg. Wieder einmal sollte das Denken vereinnahmt, koordiniert, auf neue Ziele ausgerichtet werden. Und wieder war beschämend, wie wenige diesen Umpolungsprozeß verstanden oder sogar Einspruch dagegen erhoben haben. Und wieder – wie damals, wie schon oft – wußte Hildegard Hamm-Brücher, was zu tun war.

Sie stand da auf dem Perlacher Friedhof in München, nicht um Verbundenheit oder eine Art Zugehörigkeit zu demonstrieren. Das auch. Aber Widerstand ist kein Verein, man kann nicht Mitglied werden. Widerstand ist ein Vollzug. Widerstand ist nicht nur Haltung, sondern ein Tun.

Gerhart Rudolf Baum

Ein unangepaßtes Naturtalent

Frau Dr. Hildegard Hamm-Brücher gehört für mich zu den wenigen Frauen, die nach dem Kriege die Bundesrepublik Deutschland politisch geprägt haben, und zwar aus eigener Kraft aufgrund ihres politischen Gewichts und ihrer Persönlichkeit in einer Männergesellschaft, die bis heute die meisten Schlüsselpositionen auch in der Politik besetzt hält.

Für die F.D.P. war Frau Hamm-Brücher von besonderer Bedeutung auf den verschiedenen Feldern der Politik, auf denen sie tätig war – aber insbesondere deshalb, weil sie ein Lebensprinzip der Liberalen verkörpert: das der unangepaßten, unabhängigen, eigenwilligen Einzelpersönlichkeit, die, wenn es nötig ist, vor die Reihe tritt und Dinge äußert, die die Partei in ihren Gremien nicht oder noch nicht zu sagen wagt. Sie hat damit in der deutschen Politik moralisches Gewicht erworben und zum Ansehen ihrer Partei beigetragen, auch wenn ihre Denkanstöße und Forderungen nicht immer realisiert wurden oder realisiert werden konnten. Zu einem solchen unangepaßten Verhalten gehört Kraft und Mut. In strittigen Fragen wird in den Gremien der Partei mitunter eine gruppendynamische Stimmung des Konsenses erzeugt, in der jeder, der dann immer noch eine andere Meinung vertritt, gegen den manchmal unausgesprochenen, manchmal ausgesprochenen Vorwurf ankämpfen muß, er beschädige seine Partei und vertrete die Sache der anderen. Daß er dann nicht selten irgendwann recht bekommt, wird schon deshalb nicht registriert, weil keiner gerne zugibt, sich geirrt zu haben. Ganz besonders schwierig waren die Situationen, die Frau Hamm-Brücher oft erlebt hat, in denen etliche derjenigen, die ihr eine eigene offene Meinung übelnahmen, insgeheim dachten wie sie, aber nicht den Mut hatten, dies offen auszusprechen.

Ich habe in den letzten Jahren einen engen politischen Kontakt zu Frau Hamm-Brücher gehabt. Sie hat auch bei mir bewirkt, daß mein Selbstbewußtsein als Parlamentarier gewachsen ist. Nach meinem Ausscheiden aus der Bundesregierung mußte man mir dies eigentlich nicht beibringen. Ich hatte den nachdrücklichen Wunsch, eine von mir in Teilen nicht geliebte Bundesregierung zu kontrollieren. Im parlamentarischen Alltag, in dem viele Kompromißentscheidungen in kurzer Frist getroffen werden müssen, fragt man sich aber dann doch, ob es sich lohnt, an dieser oder jener Stelle auch noch zu kämpfen. Diese Resignation kannte Frau Hamm-Brücher nicht. Bei einer ganzen Reihe von Abstimmungen haben wir uns gemeinsam mit Burkhard Hirsch die Abstimmung nicht leicht gemacht. Wir haben, wenn wir es für notwendig hielten, anders gestimmt als die Mehrheit unserer Fraktion und sind auch in der Fraktion für unsere Meinung eingetreten. Ich erinnere mich z. B. an unseren Widerstand gegen eine Parteispendenamnestie und gegen den Jäger 90.

Frau Hamm-Brücher ist der Erfolg ihres politischen Lebens nicht in den Schoß gefallen. Sicher, sie hat die Gabe, Menschen für sich zu gewinnen und nach außen zu wirken. Sie ist ein politisches Naturtalent. Sie hat sich ihren politischen Erfolg aber letztlich immer hart erarbeiten müssen. Dazu gehörte, daß sie viele Niederlagen zu verarbeiten hatte. Ich erinnere mich an eine Abstimmung in der Fraktion über Sitz und Sprecherrolle im Entwicklungsausschuß. Hier unterlag sie in einem für sie demütigenden Verfahren einem anderen Kollegen der Fraktion, ohne zu resignieren. Sie hat dann zunächst in der zweiten Reihe im Auswärtigen Ausschuß mitgearbeitet. In der Fraktion hatte sie Kontroversen und Animositäten zu verarbeiten, die ihr zeitweilig offen entgegenschlugen. Sie hat sich letztlich nicht beirren lassen. In jede Sache, deren sie sich annahm, hat sie sich intensiv eingearbeitet. Frau Hamm-Brücher war eine hart und fleißig arbeitende Parlamentarierin, die wußte, daß man nur mitreden kann, wenn man Bescheid weiß. Sie hat sehr viel Zeit und Kraft auf ihre Reden verwandt. Daneben hat sie Zeit gefunden für eine umfangreiche publizistische Tätigkeit und für viele Vorträge, Diskussionen und Gespräche im In- und Ausland.

Der Lebenslauf von Frau Hamm-Brücher ist für jeden interessant, der sich mit Politik beschäftigt oder selber in der Politik aktiv werden will. Sie hat sich immer sehr um ihren eigenen Wahlkreis und um ihren Landesverband gekümmert. Sie wußte, daß ohne die Parteifreunde und ohne die Verwurzelung einer Partei im örtlichen und regionalen Umfeld die Durchsetzungskraft für weitreichende politische Ziele auf Bundesebene fehlen würde. In den sitzungsfreien Wochen, und nicht nur dann, war sie in Erlangen oder im bayerischen Landesverband. Sie hat sich im letzten Jahr noch einmal voll engagiert im bayerischen Landtagswahlkampf und im Kommunalwahlkampf. Sie war nicht nur Mitglied im Präsidium der Partei auf Bundesebene, sondern auch stellvertretende Landesvorsitzende. Sie hat immer wieder Ämter und Aufgaben übernommen. Sie wußte, daß jedes Amt mit Verantwortung und Arbeit verbunden ist. Ihre nationale und internationale Geltung war wirklich hart erarbeitet, und das nicht nur einmal irgendwann in der Vergangenheit, sondern immer wieder und immer wieder aufs neue. Sie hat sich dabei auch körperlich nicht geschont. Oft habe ich sie in unserem kleinen gemeinsamen Abgeordnetenhaus gegenüber dem Plenum nach einem anstrengenden Tage am Abend erschöpft erlebt.

Frau Hamm-Brücher war und ist eine Botschafterin ihres Landes und unserer nach dem Kriege gewachsenen Demokratie, überall in der Welt. Hierbei kam ihr nicht nur die Erfahrung zugute, die sie als Staatsministerin im Auswärtigen Amt gesammelt hatte. Ich habe gemeinsam mit ihr mehrere Auslandsreisen unternommen und dabei festgestellt, welch hohes Ansehen sie auch als Parlamentarierin bei den politischen Vertretern dieser Länder und den dort lebenden Deutschen – vor allem auch im kulturellen Bereich – genoß. Auch auf diese Begegnungen und Vorträge hat sie sich sorgfältig vorbereitet. Sie hat die Begegnung mit den Menschen auch gründlich ausgewertet. Einzelnen Wünschen und Beschwerden ist sie dann hier bei den zuständigen Ministerien nachgegangen. In zeitraubender Kleinarbeit hat sie sich um einzelne Lebensschicksale gekümmert. Jedermann konnte gewiß sein, von ihr eine Antwort zu bekommen. Oft haben wir über Menschenrechtsverletzungen diskutiert und überlegt, wie man den auf diesem Gebiet tätigen

Organisationen helfen kann. Die Lage in Südafrika war für sie von besonderem Interesse.

So oft Frau Hamm-Brücher in ihrem Leben auch politische Einzelkämpferin gewesen ist, so wenig hat sie jemals Zweifel an der Verbundenheit mit ihrer Partei aufkommen lassen – auch nicht, als wir uns 1982 gemeinsam sehr weit vom Mehrheitskurs unserer Partei entfernt hatten. Sie hat gewußt, daß es Situationen gibt, in denen auch Kompromisse mit der eigenen Partei notwendig sind, in denen also Parteiräson notwendig ist in einer Umwelt konkurrierender und auch feindlicher politischer Kräfte. Die Entscheidungs- und Funktionsfähigkeit ihrer eigenen Partei hat sie beispielsweise als Mitglied des Präsidiums, wie ich sie dort in den letzten Jahren erlebt habe, nie in Frage gestellt, wenn sie sich von ihrer eigenen Meinung auch nur selten abbringen ließ.

Frau Hamm-Brücher ist jetzt aus ihren Räumen ausgezogen. Sie stehen noch leer. Von der Kärrnerarbeit des parlamentarischen Alltags ist sie entlastet. Wir werden sie in Bonn vermissen. Dennoch hoffen wir, daß sie weiter ihre Meinung sagt und ihr moralisches Gewicht geltend macht in einer Zeit, in der alte Wege verlassen werden müssen.

Hellmut Becker

Plädoyer für die freie Schule

Viele Deutsche halten das Schulwesen für eine im Kern staatliche Aufgabe. Dahinter steht der Gedanke, daß Erziehung und Unterricht eine elementar politische Aufgabe darstellen, die mit der notwendigen Objektivität nur vom Staat angemessen vollzogen werden kann. Andere Deutsche halten Erziehung und Unterricht für eine Aufgabe, die zuerst den Eltern zusteht, sie finden daher, daß das Unterrichtswesen vom freien Willen der Eltern her bestimmt sein muß. Der Staat soll lediglich die Finanzmittel für diese Aufgabe zur Verfügung stellen, sich aber des inhaltlichen Einwirkens auf die Schule enthalten.

In den Diktaturen, seien sie faschistischer oder kommunistischer Prägung, hat der Staat das Bildungsmonopol beansprucht und ausgeübt, daher gilt bei vielen Eltern der staatliche Schulzwang als undemokratisch. Dieselben Eltern halten dann auch Schulen, die nach einer einheitlichen Weltanschauung ausgerichtet sind, ebenfalls für undemokratisch, weil sie nicht die Vielfalt des gesellschaftlichen Spektrums verkörpern. Die politischen Parteien haben zu dieser Frage unterschiedliche Ansichten. Einzelne Liberale fürchten die konfessionelle Schule und erinnern sich an den jahrzehntelangen Kampf gegen die geistliche Schulaufsicht. Einzelne Sozialdemokraten teilen diese Ansicht und wünschen sich eine laizistische Schule. Anderen gilt gerade die nichtstaatliche Schule als ein Hort der Freiheit und der Unabhängigkeit vom Staat. In allen Parteien der Bundesrepublik gibt es einzelne Anhänger der staatlichen und andere der nichtstaatlichen Schule.

Eine besondere Mischung stellte in den Nachkriegsjahren die staatliche, aber konfessionell gebundene Schule dar. In dieser deutschen Tradition spielte der Gedanke, daß der Staat zugleich eine geistliche Autorität wäre, eine Rolle. Im Widerspruch dazu war die staatliche Konfessionsschule von der katholischen Theologie her gesehen ein Widerspruch in sich selbst, denn wie könnte ein weltanschaulicher neutraler Staat konfessionell angemessen erziehen? Ich habe selbst miterlebt, wie unmittelbar nach dem Kriege auf einem großen Treffen der Vertreter des nichtstaatlichen Schulwesens aus ganz Europa die französischen Kämpfer der »École libre« den bayerischen Kultusminister Hundhammer erstaunt fragten, wie man denn als Katholik es überhaupt theologisch begründen könne, den Staat konfessionell erziehen zu lassen und damit zum Herrn über die Inhalte der konfessionellen Erziehung zu machen. Für die liberalen sozialdemokratischen Bürger der werdenden Bundesrepublik stellte sich die Frage, wie denn überhaupt vor der weltanschaulichen Neutralität des demokratischen Staates irgendeine staatliche, konfessionelle Erziehung zu verantworten sei. Zwischen diesen Positionen war es auch schließlich besonders schwierig, wie ein vom Staate befreites, rein von der Gesellschaft her getragenes und bestimmtes Schulwesen, wie es zum Beispiel in Holland herrscht, einen angemessenen sozialen Interessenausgleich (z. B. die Verwirklichung der Chancengleichheit im Bildungswesen) möglich machen könne. Die widerstreitenden Interessen der großen sozialen, ökonomischen und religiösen Organisationen würden eine soziale Lenkung des Schulwesens unmöglich machen.

In diesem Zusammenhang erhielt das Wort »Freie Schule« einen doppelten Sinn: »Freiheit vom Staat oder Freiheit von gesellschaftlich übermächtigen Einflüssen«. Die Ambivalenz des Freiheitsbegriffs war daher für die politische Schuldiskussion der Nachkriegsjahre charakteristisch.

Das Grundgesetz hatte das Erziehungsrecht der Eltern und die Erziehungspflicht des Staates unverbunden nebeneinandergestellt. Die Autoren dieser Verfassungsartikel waren nicht zufällig der liberale Vorkämpfer Theodor Heuss und der protestantische Jurist Walter Strauß. Unter dem Einfluß dieser beiden Männer wurden Rechte und Pflichten der Eltern und des Staates dann noch durch das Recht auf private Schulen ergänzt. Diese Ergänzung machte möglich, daß die theologisch widersprüchliche, staatliche konfessionelle Schule nach dem Kriege bald verschwand, nachdem sie von den Kirchen zunächst sehr energisch gefordert worden war. Der Kampf um die staatliche Konfessionsschule war nach dem Kriege das bildungspolitische Zentralthema in der werdenden Bundesrepublik, obwohl es sicher wichtigere Themen gegeben hätte. Die Kirche setzte sich für die staatliche Konfessionsschule energisch ein. Mir selbst wurde erst in Gesprächen in Rom mit Pater Leiber, dem Beichtvater Pius' XII., klar, daß dies eine deutsche Forderung war, die vom Vatikan gar nicht geteilt wurde. Die konfessionelle Erziehung wurde dann durch die subventionierte Privatschule möglich gemacht, so daß dieser zunächst so intensive Kampf bald zu Ende ging.

Der Kampf hatte energisch angefangen. Ich erinnere mich sehr deutlich, daß in dem Dorf, in dem ich damals nach dem Kriege wohnte, eine Umfrage der katholischen Kirche stattfand, mit der Frage: »Willst Du, daß Dein Kind christlich erzogen wird?« Dabei muß man sich vorstellen, daß natürlich unmittelbar im Augenblick des Zusammenbruchs die Forderung nach nichtchristlicher Erziehung den Befragten automatisch mit kommunistischer, antichristlicher Haltung identifizierte. Andererseits war die konfessionelle Schule für das aufgeklärte deutsche Bürgertum identisch mit politischer Reaktion und antidemokratischer Haltung. Die ganze Frage hat sich also schon vor dem Erlaß des Grundgesetzes in einer Atmosphäre ideologischer Mißverständnisse mit offensichtlich falschen und schiefen Fronten abgespielt.

Wenn man die Akten des Bayerischen Landtags aus den ersten Nachkriegsjahren, zum Beispiel aus den Jahren 1952–1954, nachliest, dann kann man feststellen, daß die Frage der Privatschulen und ihrer Subventionen zu diesem Zeitpunkt Gegenstand lebhaftester, politischer Auseinandersetzungen war. Dabei wird deutlich, daß der wiedereingeführte Parlamentarismus noch Mühe hatte, sich in der Kontrolle der Verwaltung wirklich durchzusetzen.

Sowohl in den Plenardebatten als auch in den Ausschußprotokollen können wir nachlesen, daß die Staatsverwaltung sich nur langsam dahin entwickelte, geleistete Subventionen offenzulegen, es war offenkundig schwierig in diesen Frühzeiten der Bundesrepublik, von den unterschiedlichen ideologischen Positionen der politischen Parteien in der Frage des freien Schulwesens und in der Auseinandersetzung über die Subventionen abzusehen.

In diesen Nachkriegsjahren entwickelte sich die junge Landtagsabgeordnete Dr. Hildegard Brücher zu einer überaus energischen Kontrolleurin der Staatspraxis, die ihren bohrenden Fragen nur ungern Auskunft erteilte, und es war das Verdienst von Frau Dr. Brücher, daß die Rolle der nicht-konfessionellen privaten Schulen, die eine kleine Minderheit im Schulwesen darstellten, damals vom Parlament gestärkt wurde. Die parteipolitischen Fronten verliefen in dieser Zeit unklar, zum Beispiel hat der berühmte Vorkämpfer des konfessionellen Schulwesens, Alois Hundhammer, als bayerischer Kultusminister die Genehmigung für die ersten bayerischen Waldorfschulen in München und Nürnberg erteilt. Die Vielfalt des Privatschulwesens in Bayern war in diesen ersten Nachkriegsjahren ein Ausdruck der »liberalitas Bavariae«, zugleich aber auch ein Schauplatz des Versteckspiels mit einer verschwiegenen Staatsverwaltung, die die Zuschüsse gerne autoritär regelte und die vielfältige Überlappung von Zuschüssen an Kirchen und Schulen ungern aufdeckte. Frau Brücher hat sich in ihrer ganzen politischen Laufbahn – von den frühen Kämpfen mit dem bayerischen Kultusministerium bis zu ihrer großen Rede 1980 beim 100. Geburtstag von Kurt Hahn, dem Gründer des Landerziehungsheims Schule Schloß Salem, über Erziehung zur Verantwortung in der Demokratie – konsequent für die Schule in freier Trägerschaft auf nicht-konfessioneller Grundlage als einen notwendigen Sauerteig im deutschen Bildungswesen eingesetzt. Sie hatte selbst im Dritten Reich Zuflucht in dem Landerziehungsheim Schule Schloß Salem gefunden und dadurch die Möglichkeiten von Internatsschulen mit ihrer Einheit von Erziehung und Unterricht für die Schulreform kennengelernt. Als Liberale erkannte Frau Brücher die pädagogische Chance eines freien Schulwesens, aber auch die Gefahren weltanschaulich gebundener Schulen durch die damit unter Umständen verbundene geistige Enge.

Historisch hatte sich mit dem konfessionellen Schulwesen in Verbindung mit dem Staatsapparat auch eine Gefahr für die Freiheit ergeben, schließlich war der preußische König »Summus Episcopus«, und die nach dem Kriege werdende deutsche Demokratie mußte sich vor den Traditionen einer zu engen Verbindung von Kirche und Staat, wie sie nun gerade in protestantischen Landesteilen bestand, bewahren.

In dem Wirrwarr um die Frage der staatlichen Konfessionsschule wurde dann natürlich die Frage nach der Finanzierung der privaten Konfessionsschule erneut relevant. Die Privatschulgarantie des Grundgesetzes ohne eine Subventionierung war eine Leerformel. Denn wie sollte die Forderung des Grundgesetzes nach Verhinderung einer Sonderung nach den Besitzverhältnissen überhaupt erfüllt werden, wenn der Staat die rechtlich zulässig entstandenen privaten Schulen nicht subventionieren würde? Theodor Heuss, mit dem ich diese Frage oft diskutiert habe, hat die Privatschulsubvention mit großer Energie abgelehnt, und wir wissen, zu welchen politischen Schwierigkeiten der Kampf um die Privatschulsubvention in Frankreich wie in den Vereinigten Staaten geführt hat und noch führt. Das Grundgesetz wendet sich also klar gegen das Staatsschulmonopol, es deutet aber nicht an, wie die garantierte Privatschule wirtschaftlich in unserer Welt möglich werden soll. Insofern ist die neue Auslegung vom Bundesverwaltungs- und Bundesverfassungsgericht, die die Subventionspflicht des Staates indirekt aus dem Grundgesetz herleitet, zwar in einem Widerspruch zu den ursprünglichen Autoren der betreffenden Artikel. Andererseits bliebe die Garantie ohne Subvention eine Leerformel, und für Liberale, wie Frau Hamm-Brücher oder Theodor Heuss, trifft die Subvention dann natürlich genauso die Privatschule der Schulreform wie auch die konfessionelle Privatschule. Es ist deshalb verständlich, daß sich die Subventionsfrage noch nicht im Grundgesetz, sondern erst in der Rechtsprechung klärt.

Wie stark ist nun die Rolle des privaten Schulwesens im Vergleich zum öffentlichen? In einer Realschule oder in einem Gymnasium in freier Trägerschaft besucht jeder 10. Schüler diese Schularten, in den neuen Bundesländern nur jeder 100.,

Grund- und Hauptschulen nur jeder 100.*; rund 500000 Schüler besuchen 2000 Privatschulen. Über die Hälfte der privaten Schulen sind in katholischer Trägerschaft, ein Viertel in evangelischer. Der Rest der Privatschulen sind Waldorfschulen und konfessionell nicht gebundene Internatsschulen, wie zum Beispiel die Deutschen Landerziehungsheime vom Typus Salem, Odenwaldschule, Hermann-Lietz-Schulen. Heute ist die Existenz all dieser Privatschulen ohne staatliche Subvention gar nicht mehr vorstellbar. Dabei hatte sich zum Beispiel Kurt Hahn bei seiner Rückkehr aus der Emigration nach Deutschland zunächst gegen die staatliche Subvention gewandt, weil er eine Einschränkung der Freiheit der Schulen dadurch befürchtete. Auch in den Rudolf-Steiner-Schulen war die Privatschulsubvention zunächst sehr umstritten. Dieser Widerstand war verständlich, weil die Subvention zunächst mit einer Geste der Herablassung wie ein Gnadenbrot gewährt wurde. Erst die Verfassung des Landes Nordrhein-Westfalen und in neuerer Zeit die Rechtsprechung von Bundesverwaltungs- und Bundesverfassungsgerichten machten aus der Privatschulsubvention eine Rechtspflicht.

Bis dahin konnte man ironisch sagen, in den SPD-regierten Bundesländern gibt es weniger Geld, aber mehr pädagogische Freiheit, und umgekehrt, in den CDU-regierten Ländern gibt es weniger Freiheit und mehr Geld. Auf eine einheitliche Höhe der Subvention konnten sich die Bundesländer genauso wenig einigen wie auf eine einheitliche Berechnungsmethode. So blieb trotz Anerkennung der Rechtspflicht die Privatschulsubvention nach Höhe und Berechnungsmethode unsicher.

Ist die Subvention die notwendige Garantie der freien Schule, so spielt in der Praxis die Auseinandersetzung um die Freiheit im einzelnen eine große Rolle. Die Schulaufsicht über die freie Schule ist nicht identisch mit der Schulaufsicht über die staatliche Schule. Die Freiheit der Schule in freier Trägerschaft erstreckt sich auf die freie Schülerwahl und auf die freie Lehrerwahl. Die

---

* Vgl. hierzu: Johann Peter Vogel: Funktion und Bedeutung der Schulen in freier Trägerschaft nach 40 Jahren Grundgesetz, Neue Sammlung, 1989, S. 344ff.

Auseinandersetzung über die freie Schülerwahl war der Ausgangspunkt für das Privatschulrecht in der Bundesrepublik, als der Leiter des Landerziehungsheims Birklehof Georg Picht eine Schülerin als Gastschülerin aufnehmen wollte, die in einer staatlichen Schule nicht mehr hätte aufgenommen werden dürfen. Die nichtstaatliche Schule genießt aufgrund der herrschenden Interpretationen der Grundgesetzartikel eine Freiheit in der Schülerwahl und eine Freiheit in der Lehrerwahl, wobei ihre Lehrer nach dem Grundgesetz in ihrer Vorbildung den Lehrern der staatlichen Schule entsprechen müssen. Das heißt, die Lehrervorbildung muß gleichwertig, aber nicht gleichartig sein. Darüber gibt es im Einzelfall natürlich häufig rechtliche Auseinandersetzungen, insbesondere hat die Unterrichtsverwaltung natürlich die Tendenz, die Gleichwertigkeit als Gleichartigkeit zu interpretieren. Andererseits gehört zur freien Schule die Möglichkeit, Lehrer, die eine besondere Vorbildung, sozusagen ein geistiges Schicksal, in die Pädagogik einbringen, gerade an der freien Schule zuzulassen. Wenn im ganzen Lehrerüberschuß herrscht, ist die Tendenz der Schulverwaltung häufig, die Forderung des Grundgesetzes nach gleichwertiger Vorbildung durch das Verlangen nach gleichartiger Vorbildung zu ersetzen.

Die Freiheit der freien Schule besteht nicht nur in der freien Schüler- und Lehrerwahl, sondern auch in der Freiheit des curricularen Angebots und der Unterrichtsmethodik. Es ist evident, daß die Versetzungen und Abschlußexamen, deren Maßstäbe von der Staatsverwaltung gesetzt werden, in Konflikt mit der curricularen und der methodischen Freiheit der freien Schule geraten. Mag es sich hier im einzelnen oft um sehr spezielle Einzelheiten handeln, so spielt doch die politische Interpretation der freien Schule für die Entscheidung eine große Rolle. Unter dem Einfluß von Frau Hamm-Brücher in ihren verschiedenen Positionen als Staatssekretärin im hessischen Kultusministerium, im Bonner Bildungsministerium und im Auswärtigen Amt und als Abgeordnete in Landtag und Bundestag hat sich die FDP im großen und ganzen zu einer Partei entwickelt, die politisch die Anliegen der freien Schule vertritt.

Schon die Weimarer Verfassung, mehr noch aber das Grundgesetz, haben die verstärkte Freiheit in Aufbau und Inhalt der

Schulen in freier Trägerschaft garantiert. Das hatte zur Folge, daß sich die Bestrebungen zur Veränderung des traditionellen Schulwesens häufig des Mittels der Gründung von Schulen in freier Trägerschaft bedient haben. Das gilt für so unterschiedliche Bestrebungen wie zum Beispiel die Einführung der höheren Mädchenbildung oder auch der Schulen mit anthroposophischem Hintergrund, aber auch von Schulen der Reformpädagogik. Diese hat sich im Gefolge von Nietzsches berühmter Kritik an höheren Lehranstalten, der Jugendbewegung und ihrer Verwissenschaftlichung nicht nur zu einer umfassenden pädagogischen Bewegung entwickelt, sondern darüber hinaus sich in der Gründung einzelner Schulen in freier Trägerschaft konkretisiert. Hierher gehören zum Beispiel die Landerziehungsheime im Modell von Hermann Lietz, die dann auch in der Form der Sezession vom ursprünglichen Modell immer neue Formen annahmen. Auch ausländische Modelle spielten hier eine Rolle. Die englische Internatserziehung hat die deutsche Entwicklung wesentlich befruchtet, und man müßte in der Nachkriegszeit auch ein so ungewöhnliches Modell wie die Schule der absoluten pädagogischen Freiheit »Summerhill« in England nennen. Im Zeichen der Schulkritik und der Reformpädagogik entwickelten sich Übertragung und Gegenübertragung. Der Gründer von Salem, Kurt Hahn, emigrierte unter dem Druck des Nationalsozialismus nach England und gründete dort erfolgreiche Schulen, wie zum Beispiel Gordonston und die Atlantic Colleges. Salem war aus den Anregungen englischer Internate entstanden; die Emigration brachte Hahns deutsche Erfahrung nach England, und er selbst kehrte am Ende seiner Emigration wieder nach Deutschland zurück. Wie man bei Hildegard Hamm-Brücher nachlesen kann: um hier neue inhaltliche Akzente in deutschen Schulen freier Trägerschaft zu setzen. Die freien Schulen stellen also offenbar Chancen origineller Modellbildung wie Chancen des internationalen Voneinander-Lernens dar. Auch in den neuen Bundesländern ertönt der Ruf nach Schulen in freier Trägerschaft.

Ist es nun möglich, als Vertreter des Gedankens von Schulen in freier Trägerschaft auch an der Spitze staatlicher Unterrichtsverwaltungen zu stehen? Es gibt dafür viele Beispiele. Ich nenne aus der Weimarer Zeit C. H. Becker, der sich wiederholt für freie Schulen einsetzte, aber vor allem auch die Erkenntnisse freier Schulen für öffentliche Schulen verwenden wollte. Preußische Lehrerbildung der zwanziger Jahre stand im Zeichen der Integration der Jugendbewegung in die staatliche Lehrerbildung. In den Nachkriegsjahren war es der württembergische Kultusminister Theodor Beuerle, der in den Rudolf-Steiner-Schulen das große Modell der Einheitsschule erkannte. Unter der Staatssekretärin Hildegard Hamm-Brücher entwickelte sich in Hessen die Odenwaldschule zu einem Modell pädagogischer Freiheit, das sie bis heute geblieben ist, und zugleich zu einem Modell für die staatliche Gesamtschule.

Die eingangs aufgeführten Zahlen zeigen, daß das freie Schulwesen nur einen kleinen Prozentsatz unseres ganzen Schulwesens darstellt. Aber was wäre der Kuchen ohne Hefe? Am Modell der freien Schule kann man sehen, wieviel Freiheit möglich ist bei gleichzeitig vorzüglichen Ergebnissen. Nicht zufällig hat sowohl der Deutsche Bildungsrat in seiner letzten Empfehlung als auch die Kommission des Deutschen Juristentages, die im Gefolge von Entscheidungen des Bundesverfassungsgerichts eine rechtliche Regelung der wesentlichen Fragen des Schulwesens durch einen Musterentwurf vorzubereiten versuchte, einer verstärkten Autonomie der Schule das Wort geredet. Das bildungspolitische Beispiel der Schule in freier Trägerschaft zeigt, daß eine verstärkte Autonomie der normalen öffentlichen Schule möglich und wünschenswert ist. Die Schule sollte in ihrem eigenen rechtlichen Aufbau ein Modell der Freiheit sein, zu der sie erziehen will. Dabei kann ihr die Schule in freier Trägerschaft, so wie das Grundgesetz sie garantiert hat, und mit Hilfe der Ausführung dieser Garantie in der Ländervereinbarung 1951 und im Schulgesetzentwurf des Deutschen Juristentages, eine Grundlage geben. Johann Peter Vogel hatte dem Bundesverfassungsgericht meiner Ansicht nach zu Recht das Grundgesetz als eine Forderung nach der Vielfalt im Schulwesen interpretiert.*

* Vgl. hierzu: Johann Peter Vogel: Vielfalt im Schulwesen für das Vereinte Deutschland, Privatdruck 1990, S. 28 ff.

In diesem Zusammenhang ist es wichtig, darauf hinzuweisen, daß der Deutsche Bildungsrat im Februar 1970 einen Strukturplan verabschiedet hat, der damals die Zustimmung aller Bundesländer und der Bundesregierung gefunden hat und in dem für die einzelne Schule eine materielle Selbstverwaltung entwickelt worden ist. Den Gedanken hat der Bildungsrat dann später in der Empfehlung zur Reform von Organisation und Verwaltung im Bildungswesen wiederaufgenommen. Es geht dabei um die verstärkte Selbständigkeit der Schule und die Partizipation der Lehrer, Schüler und Eltern an den Entscheidungsprozessen der einzelnen Schule:

»Die Bildungsinstitutionen erhalten im Rahmen der öffentlichen Verantwortung eine begrenzte Selbständigkeit, deren Ausmaß und Inhalt sich nach Art der Bildungsinstitutionen sowie nach der Trägerschaft richtet, aber auch von der Initiative der einzelnen Bildungsinstitutionen abhängig machen kann. Die öffentlichen Einrichtungen werden partiell aus der Abhängigkeit von der staatlichen Bildungsverwaltung gelöst, ohne aber in der Regel den Status rechtsfähiger, juristischer Personen des öffentlichen Rechts mit formeller Selbstverwaltung zu erreichen. Um Autonomie der Bildungsinstitutionen mit zentralen Planungsentscheidungen zu verbinden, hat die Bildungskommission in der Empfehlung zur Einrichtung von Schulversuchen mit Gesamtschulen die Konzeption einer materiellen Selbstverwaltung entwickelt, an die sie hier anknüpft.«

Der hier erwähnte Gedanke einer materiellen Selbstverwaltung entspricht in der Praxis dem, was die Schule in freier Trägerschaft aufgrund des Grundgesetzes bereits besitzt. Wenn man sich an den Kampf zwischen staatlicher Schule und der von der Gesellschaft her bestimmten Schule zurückerinnert, dann ist hier ein Kompromiß in Aussicht genommen, der den Gedanken einer möglichen Gesamtplanung des öffentlichen Schulwesens aufrecht erhält, zugleich ihn aber mit der Befreiung der einzelnen Schule verbindet. Der Gedanke hat vielfältige Zustim-

---

Ders: Die Privatschulbestimmungen des Grundgesetzes – ein Verfassungsmodell für das gesamte Schulwesen? Neue Sammlung, 1988, 367ff.

mung gefunden, ist aber in der Praxis immer an dem Widerstand der traditionellen Staatsvorstellungen gescheitert. Es gibt in Deutschland nebeneinander eine Tradition der pädagogischen Freiheit, der Selbständigkeit der einzelnen Schule und des einzelnen Lehrers und daneben eine Tradition der Schule als einer hierarchischen, in sich durchbürokratisierten Staatsanbindung. Innerhalb der Entwicklung des Liberalismus in der Bundesrepublik wird es von großer Bedeutung sein, ob die Freie Demokratische Partei auf der Linie von Theodor Heuss und Hildegard Hamm-Brücher den Gedanken des freien Schulwesens auf die staatliche Schule überträgt und im Rahmen ihres Einflusses ein vielfältiges Schulwesen erblühen läßt, zu dem bedeutsame Ansatzpunkte in der Vielfalt der Schulen in freier Trägerschaft bereits bestehen.

Bildung und Schule sind öffentliche Aufgaben. Jede Schule steht daher in öffentlicher Verantwortung. Die freie Initiative darf nicht auf die privaten Schulen beschränkt bleiben. Wenn alle Bildung öffentlich ist, dann kann alle Bildung sich nur in Freiheit vollziehen. Öffentliche Schule muß daher auch freie Schule sein. Staatliche Schule und Schule in freier Trägerschaft sollen in derselben Freiheit arbeiten können.

Klaus von Bismarck

Hildegard Hamm-Brücher und die auswärtige Kulturpolitik

I

Ihre Aktivitäten im Bereich der auswärtigen Kultur-Politik

Es ist weithin bekannt, daß Hildegard Hamm-Brücher die auswärtige Kulturpolitik in ihrer Amtszeit als Staatsministerin im Auswärtigen Amt von Dezember 1976 bis September 1982 besonders am Herzen gelegen hat. Von Bundesaußenminister Genscher hatte sie bei Amtsantritt im Dezember 1976 einen dahingehenden Auftrag erhalten, der allerdings bei der Regierungsbildung 1980 nicht erneuert wurde. In ihrem Engagement für die auswärtige Kulturpolitik trafen Amt, persönliche Neigungen und fachliche Erfahrung der als Bildungs- und Kulturpolitikerin bereits ausgewiesenen Hildegard Hamm-Brücher zusammen.

Als herausragende Aktivitäten der Kulturabteilung des Auswärtigen Amts, die von Frau Hamm-Brücher in dieser Zeit beeinflußt und getragen wurden, sind zu nennen:

1. Die Stellungnahme der Bundesregierung zum Bericht der Enquête-Kommission Auswärtige Kulturpolitik des Deutschen Bundestages vom September 1977.
2. Der Rahmenplan zur Auswärtigen Kulturpolitik im Schulbereich vom September 1978.
3. »Brücke über Grenzen«, ein Symposium zu Fragen der internationalen Kulturbeziehungen im Mai 1980.
4. Die zehn Thesen des Auswärtigen Amts zur kulturellen Begegnung und Zusammenarbeit mit Ländern der Dritten Welt vom März 1982.

Im Detail sind die Äußerungen und Überlegungen von Hildegard Hamm-Brücher zur auswärtigen Kulturpolitik in ihrer Amtszeit als Staatsministerin in dem Band »Kulturbeziehungen weltweit. Ein Werkstattbericht zur auswärtigen Kulturpolitik«, Carl Hanser Verlag, München 1980, zusammengefaßt.

II

Die Verdienste von Hildegard Hamm-Brücher um das Goethe-Institut

Ich bin sicher, mit meinem Beitrag nicht nur von meinen persönlichen Kooperations-Erfahrungen in zwölf Jahren Goethe-Präsidentschaft zu berichten. Mir ist bewußt, daß ein beachtlicher Prozentsatz von Goethe-Mitarbeitern Verehrung, Sympathie und Dankbarkeit gegenüber dieser Frau empfindet. Sie hat für die Konzeption und die praktische Arbeit des Goethe-Instituts als Politikerin und leitende Mitarbeiterin des Auswärtigen Amtes viele Anregungen geliefert.

Mir wurde berichtet, wie die Regional-Beauftragten des Goethe-Instituts reagierten, als im Rahmen einer ihrer Konferenzen in Bonn ein Gespräch mit dem »Unterausschuß für auswärtige Kulturpolitik« des Bundestages schon begonnen hatte. Hildegard Hamm-Brücher erschien etwas verspätet. Sämtliche Regional-Beauftragten erhoben sich bei ihrem Eintritt spontan von ihren Plätzen, als sie den Sitzungsraum betrat, und klatschten. Ein solcher Vertrauenserweis war und bleibt ungewöhnlich. Aber es gab und gibt nicht viele Parlamentarier in Bonn, die sich in der Vergangenheit und bis heute so für die auswärtige Kulturpolitik engagiert haben und in ihr auskennen, wie sie.

III

Urteile über und Vorurteile gegen Hildegard Hamm-Brücher

Wenn ich also mit dem Vertrauen beginne, das Frau Hamm-Brücher bei den Goethe-Mitarbeitern genießt, zögere ich andererseits nicht, in dieser Festschrift offen auszusprechen, daß es nach den Beobachtungen eines Goethe-Präsidenten im Rahmen der auswärtigen Kulturpolitik auch Personen gab, die der Auffassung waren, es sei gelegentlich etwas »schwierig« gewesen, mit ihr umzugehen. Ich habe eine solche Reaktion nicht nur bei anderen beobachtet, sondern gestehe, daß ich dies auch selbst »gelegentlich« so bei bestimmten Gelegenheiten empfand.

Woran lag das?

Hildegard Hamm-Brücher hat sich, auf ihre Natur angesprochen, auf Thomas Dehler berufen. Er soll gesagt haben: »Wer streitet, ist umstritten«. Diese Weisheit akzeptierte sie auch für sich selber. Ja, mehr noch, sie empfand wohl gelegentlich eine Lust daran, auch im Rahmen des Auswärtigen Amtes oder eines Goethe-Gremiums gleichsam mit einem Fuß auf der Barrikade aufzutreten und dementsprechend zu formulieren. Diese Eigenschaft hat gewiß viel mit ihrem Temperament zu tun. Daß ihre Auftritte oft von bemerkenswertem Charme waren und daß sie dabei immer sehr gut anzusehen war, erwähne ich nur am Rande. Ich selbst habe, vielleicht nicht immer, aber meist, ein solches »Furioso« – unabhängig von der gerade zur Erörterung stehenden Sache – als belebendes Element aufgenommen und dankbar akzeptiert.

Das gilt auch für ihre fast allergischen Reaktionen gegenüber den Erwartungen eines Beamten-Apparates (wie der des AA) und gelegentlich auch ihrer Partei, der F.D.P., sie werde wohl in dieser oder jener Sache »spuren«, d. h. sich in den Leitlinien des AA oder ihrer Partei anpassen (die natürlich von männlichen »Oberen« gesetzt wurden). In fast allen solchen Fällen fand ich ihre ungezähmte Unangepaßtheit ebenfalls für unsere Demokratie erfrischend.

Angesichts des Kampfes um die Gleichberechtigung der Frau ist es – was den Stil ihrer politischen Auftritte anbetrifft – nicht leicht, wertend Stellung zu beziehen. Ich bewunderte und bewundere bis heute den Mut einer Frau wie Hildegard Hamm-Brücher. In Reaktion auf sie begegnete mir auch in den Gefilden der auswärtigen Kulturpolitik oft eine überhebliche männliche Arroganz. Sie machte mir deutlich, wie schwer es eine so couragierte Einzelkämpferin in der männlich dominierten Politik hat. Die Dankbarkeit für Hildegard Hamm-Brücher als belebendes Element in der auswärtigen Kulturpolitik überwiegt bei mir eindeutig. Ich fühlte mich darüber hinaus solidarisch mit ihr, wenn ich miterlebte, wie gewisse Abgeordnete ihre selbstbewußte Weiblichkeit in der Politik nur schwer ertrugen und ihr Mißvergnügen hinter dem Rücken der »Hohen Frau« abreagierten.

IV

Erfrischende Akzente für die auswärtige Kulturpolitik

1. Ich hatte als Goethe-Präsident sehr oft gemeinsam mit ihr aufzutreten, wenn es etwa galt, eine »Kulturwoche« in Ost-Europa zu eröffnen oder ähnliches. Solche gemeinsamen Auftritte waren für mich stets eine Freude. Warum? Hildegard Hamm-Brücher beanspruchte niemals einen grundsätzlichen Primat als Vertreterin des Staates, des Auswärtigen Amtes. Es war einfach mit ihr, sich schnell über die komplementären Rollen bei öffentlichen Auftritten abzustimmen. Es tat mir bei solchen Gelegenheiten wohl, daß die Bundesregierung bzw. das AA durch sie nicht mit germanischer Wucht oder beachtenswerter »Wasserverdrängung« der (wirtschaftlichen) Macht der Deutschen, sondern leicht im Stil und mit Charme vertreten wurde.

2. Es war in der Sicht des Goethe-Instituts wichtig, daß Frau Hamm-Brücher gerade im Ausland auch als parlamentarische Staatsministerin im Auswärtigen Amt niemals zunächst als Beamtin von hohem Rang, sondern als eine leidenschaftliche Verfechterin der Sache des Parlaments auftrat.

3. In die Phase ihrer leitenden Mitverantwortung für die auswärtige Kulturpolitik (und zugleich meiner Goethe-Präsidenten-Zeit 1977–1989) fiel in der Bundesrepublik der sogenannte Historiker-Streit. Hier hat Hildegard Hamm-Brücher, glaubwürdig für die Mitarbeiter des Goethe-Instituts und dessen Partner im Ausland, in der Öffentlichkeit unbeirrt die Auffassung vertreten, daß wir uns zur Vergangenheit unseres Volkes bekennen müssen, wie dies Bundespräsident von Weizsäcker am 8. Mai 1985 so eindeutig getan hat. Diese Auffassung ist bis heute keinesfalls selbstverständlich, weder in der Bundesrepublik noch im vereinigten Deutschland.

4. Ihren Mut und ihre gelassene Liberalität habe ich schon herausgestellt. Es ist nicht ohne Bedeutung, daß Hildegard Hamm-Brücher sich mit ihrem Engagement für den Theodor-Heuss-Preis gerade für die Erinnerung an dieses kräftige, menschliche Leitbild liberaler Gesinnung so eingesetzt hat. Denn in dem ersten Bundespräsidenten verbanden sich schmunzelnde menschliche Weisheit und Humor mit der Gelassenheit einer nüchternen, überzeugenden demokratischen Haltung.

5. Ich sprach schon die Gabe von Hildegard Hamm-Brücher an, ihr Land im Ausland angemessen und voller Charme zu vertreten. Es würde ihrer Persönlichkeit nicht ganz gerecht werden, wenn ich ihre Gaben der eleganten und kundigen Repräsentation allein im Rahmen der auswärtigen Kulturpolitik allzu breit ausgemalt hätte. Aber die ästhetischen Qualitäten einer gutaussehenden Frau dürfen, jedenfalls aus meiner Sicht, auch im Bereich der Kultur nicht verschwiegen werden.

Meine Erfahrungen der Zusammenarbeit mit dem Auswärtigen Amt im Ausland und mit dem AA in Bonn waren fast durchweg positiv. Dennoch gibt es im Ausland noch manche Vorurteile über den »häßlichen Deutschen«. Was deren Korrektur angeht, so war Hildegard Hamm-Brücher auch als Person und in ihrem Stil ein lebendiger und überzeugender Beitrag zur auswärtigen Kulturpolitik der Bundesrepublik Deutschland.

Hans-Dietrich Genscher

Die Staatsministerin

Hildegard Hamm-Brücher war fast sechs Jahre lang, von 1976 bis 1982, Staatsministerin im Auswärtigen Amt. Sie selbst hat von dieser Zeit gesagt, daß sie »die bunteste« ihres Lebens gewesen sei und »diejenige, die mir das Gefühl gegeben hat, hier hast du Spuren hinterlassen«.

Diese Spuren sind heute noch sichtbar. Ihre Tätigkeit hat Vertrauenswirkungen gehabt, deren Bedeutung wir erst heute ganz überblicken können. Sie hat die außenpolitische Dimension einer modernen, auf Austausch beruhenden Auswärtigen Kulturpolitik wenn nicht als erste erkannt, so doch als erste konsequent in die Tat umgesetzt. Dabei konnte sie sich auf die Vorarbeiten ihrer Vorgänger, insbesondere auf die zehn Thesen zur Auswärtigen Kulturpolitik von Ralf Dahrendorf stützen. Dessen erste These lautete: »Die Auswärtige Kulturpolitik ist ein tragender Pfeiler unserer Außenpolitik. Sie folgt jedoch ihren eigenen Gesetzen – insofern nämlich, als sie unabhängig von tagespolitischen Erfordernissen ist und langfristige Ziele im Auge hat.«

Hildegard Hamm-Brücher hat diesen Satz oft zitiert und ihn zur Leitschnur ihres Handelns gemacht. So hielt sie die Auswärtige Kulturpolitik von den Tagesereignissen fern, nicht um sich ihr eigenes kleines Herzogtum zu schaffen, sondern weil sie erkannte, daß der Kulturaustausch nur so den höchsten außenpolitischen Zielen unseres Landes wahrhaft dienen konnte.

Diese Ziele waren eine politische Ordnung in Europa, die auf Frieden und Zusammenarbeit begründet war, ein europäisch-amerikanisches Verhältnis, das sich der gemeinsamen humanen Rechte auf beiden Seiten des Atlantik immer mehr bewußt wurde, ein Verhältnis zwischen Nord und Süd, das auf wechselseitiger Achtung, auf Partnerschaft und auf Dialog und Austausch gegründet war. Dabei machte sie die Einheit und Unteilbarkeit der deutschen Nation zur Grundlage ihrer Arbeit.

Die vierte der Thesen Ralf Dahrendorfs lautete: »Trotz der Entstehung von zwei deutschen Staaten auf dem Boden des Deutschen Reiches geht unsere Auswärtige Kulturpolitik weiterhin von der Einheit der deutschen Nation, der deutschen Sprache und deutschen Kultur aus.«

Heute erscheinen solche Sätze und Grundsätze als schlichte Selbstverständlichkeiten. Aber solche Sätze waren vor 14 Jahren alles andere als selbstverständlich. Die Welt war von Spannungen erfüllt. Politiker, die an die Überwindung der Ost-West-Konfrontation durch dauernden ernsthaften Dialog, durch die Bildung wechselseitigen Vertrauens glaubten, wurden zu jener Zeit für realitätsferne Träumer gehalten und als gefährlich bekämpft. Aber dergleichen Widerstände haben Hildegard Hamm-Brücher in den 45 Jahren ihres politischen Lebens nie davon abgehalten, das zu tun, was sie für richtig hielt.

Aber die neue Auswärtige Kulturpolitik von Hildegard Hamm-Brücher wurde zunächst nicht wegen ihrer Prinzipien bekämpft. Nur wenige glaubten damals daran, daß eine konsequente Auswärtige Kulturpolitik Erhebliches dazu beitragen könnte, ein politisches Klima zu schaffen, in dem sich grundlegende Wandlungen der politischen Verhältnisse in Europa vollziehen können. Der Widerstand richtete sich vielmehr gegen die in ihrer Tragweite gar nicht richtig erkannten äußeren Umstellungen und Veränderungen, die sich im Gefolge des neuen außenkulturpolitischen Gesamtkonzeptes in der täglichen Praxis als notwendig erwiesen.

Hildegard Hamm-Brücher ist immer eine praktische Politikerin geblieben. Sie will die Verhältnisse immer im Sinne des Friedens, der Freiheit und Gerechtigkeit ändern. Darauf kommt es ihr an. Freilich ist ihr stets bewußt, daß man, bevor man handelt, wissen muß, was man eigentlich will. So hat sie sich stets darum bemüht, sich die theoretischen Grundlagen ihres Handelns in äußerster Klarheit zu erarbeiten. War diese Klarheit erreicht, hörte sie auf, zu theoretisieren – und handelte. Das Verharren in Theoriediskussionen erschien ihr immer höchst unfruchtbar.

Wenn man etwas ändern will, muß man zunächst einmal wissen, was denn geändert werden soll. Was verstand man unter Auswärtiger Kulturpolitik in Deutschland, in Europa, in der Welt überhaupt, bevor sich Frau Hamm-Brücher dieser Frage annahm? Etwas vereinfacht kann man sagen, die Auswärtige Kulturpolitik hatte die Aufgabe, die Kultur des eigenen Landes der Welt darzustellen. Die Deutschen, die Engländer, die Franzosen, die Italiener, die Amerikaner usw. zeigten ihre kulturellen Leistungen aus Vergangenheit und Gegenwart in Kulturinstituten vor, um das Bild oder, wie man nach dem Krieg zu sagen begann, das »Image« des eigenen Landes als eines Kulturstaates zu verdeutlichen. Dabei ging man von einem festumrissenen traditionellen Kulturbegriff aus, der die Musik, die Literatur, die bildenden Künste, die Architektur, die Philosophie und die Geisteswissenschaften umfaßte. Ob allerdings auch die Naturwissenschaften dazugehörten oder gar die Technik, war schon zweifelhaft.

Jedes Land war natürlich bestrebt, seine Höchstleistungen auf all diesen Gebieten darzustellen, was, im Weltmaßstab gesehen, zu einer Art kulturellen Konkurrenzkampfes führte. Das hatte zur Folge, daß jedes Land bemüht war, die Besonderheiten der eigenen Kultur herauszustreichen, all das, wodurch es sich von den anderen unterschied. Ein solches außenkulturpolitisches Verhalten war durchaus keine deutsche Spezialität, sondern es war das in der Welt allgemein übliche.

Geht man den geistigen Wurzeln einer solchen Auswärtigen Kulturpolitik nach, stößt man sehr bald auf das Prinzip des Nationalstaates. Im Grunde handelt es sich um einen kulturpolitischen Merkantilismus, ein Verhalten, das auf dem Prinzip beruht, möglichst viel zu exportieren und möglichst wenig zu importieren.

War eine solche, auf dem Gedanken streng voneinander unterschiedener Nationalkulturen aufgebaute Auswärtige Kulturpolitik für die Bundesrepublik Deutschland angemessen? Konnten wir uns mit dem Hinweis, daß dies das in der Welt allgemein übliche Verfahren sei, zufriedengeben? Der Nationalstaatsgedanke war in Deutschland durch den Nationalsozialismus auf eine schreckliche Weise pervertiert worden. Das Erlebnis dieser

Perversion aber war die tiefste Ursache des persönlichen politischen Engagements von Hildegard Hamm-Brücher. Sie wollte nicht nur die unmenschliche Form der Diktatur durch die Demokratie ersetzen, sie wollte vielmehr den Geist der Menschen verändern und die Menschen zu einer humanen, freiheitlichen, d. h. demokratischen Gesinnung erziehen.

Deshalb hat sie sich mit so großer Energie den Bildungsfragen zugewandt. Bildung hieß für sie stets hauptsächlich Bildung zur Demokratie. Das schloß für sie von Anfang an die Überwindung eines engen und beschränkten nationalstaatlichen Denkens auch im Kulturbereich ein. Zudem war sie fest davon überzeugt, daß echter demokratischer Geist in unserem Volke nur lebendig sein könne, wenn die Deutschen die Erinnerung an die Untaten des Nationalsozialismus nicht verdrängten, sondern sie als ein dauerndes Mahnmal in ihr Selbstverständnis einbezogen.

Einer solchen Auffassung von den letzten Zielen demokratischer Politik in Deutschland konnte eine Auswärtige Kulturpolitik, die sich, ohne es zu wissen, noch weitgehend in den Denkkategorien des 19., ja des 18. Jahrhunderts bewegte, nicht genügen.

Eine Beschränkung unserer Auswärtigen Kulturpolitik auf die Darstellung der Hochleistungen einer allzu eng gefaßten deutschen Kultur mußte ihr von Anfang an als verfehlt erscheinen. Das war auch der Grund, weshalb ich sie Anfang 1977 bat, als Staatsministerin ins Auswärtige Amt zu kommen. Es war damals eine ziemlich originelle Entscheidung. Was hatte eine profilierte Bildungspolitikerin mit der Außenpolitik zu tun? Eine solche Frage mag bei vielen Bildungspolitikern angebracht sein, bei Frau Hamm-Brücher ist sie es nicht. Sie hat die deutsche Bildungspolitik immer im europäischen, ja im Weltkontext gesehen. Viele Jahre, bevor sie das erste Mal das Auswärtige Amt betrat, hatte sie als Harvard-Stipendiatin schon im State Department in Washington mit Dean Acheson gesprochen. Auf vielen Reisen hatte sie die Bildungssysteme in und außerhalb Europas studiert und darüber weithin beachtete Erfahrungsberichte der Öffentlichkeit vorgelegt. Diese Artikelserien gaben uns Deutschen Gelegenheit, einen wichtigen Aspekt unserer Gesellschaft, und damit uns selbst, von außen zu sehen. Dabei stellte sich heraus, daß manches dringend reformbedürftig war. Die Durchsetzung der grundlegenden Bildungsreformen der siebziger Jahre wurde durch diese Artikelserien erheblich gefördert und erleichtert. Hildegard Hamm-Brücher hatte damit ein sehr markantes Exempel dafür aufgerichtet, daß die Kenntnis fremder Kulturen, die Begegnung mit fremden Kulturen die eigene Kultur sehr wesentlich befruchtet, ja, daß sich die Kultur im Austausch zwischen Menschen, Landschaften, Traditionen, Völkern und Kontinenten vollzieht.

Diese Erkenntnis hat Hildegard Hamm-Brücher in die Tat umgesetzt. Das hatte vielerlei Konsequenzen. Die Selbstdarstellung mußte verändert werden und als Teil eines weltweiten Kulturaustauschs neu begriffen werden. Denn natürlich setzt Kulturaustausch auch Selbstdarstellung voraus. Der andere muß wissen, wer ich bin und was ich habe, um mit mir in Austausch treten zu können.

Hildegard Hamm-Brücher ist eine überzeugte Europäerin. Das bedeutete für sie, daß sich die deutsche Kultur als ein Teil der europäischen Kultur darstellen mußte. Demgemäß sollte nicht mehr all das, was uns von unseren europäischen Nachbarn unterscheidet, sondern vielmehr das, was uns mit ihnen verbindet, in den Vordergrund gerückt werden. Wenn die Selbstdarstellung aber als Teil des Austauschs verstanden wird, so ist sie an die Forderung einer nüchternen Wahrhaftigkeit gebunden. Dann kann ich sie nicht mehr auf die Spitzenleistungen eines eng gefaßten Kulturbegriffs beschränken, sondern muß sie so ausweiten, daß der ausländische Partner das geistige, wirtschaftliche, politische Leben unseres Landes möglichst umfassend versteht. Der Kulturbegriff mußte demgemäß, wie es schon Ralf Dahrendorf gefordert hatte, so erweitert werden, daß er die geistigen Voraussetzungen aller Lebensäußerungen der deutschen Gesellschaft in allen Bereichen umfaßte.

Für Hildegard Hamm-Brücher kam noch ein besonderer Akzent hinzu. So wie für sie Bildung hauptsächlich Bildung zur Demokratie war, so war die Darstellung deutscher Kultur in der Welt für sie zunächst die Darstellung der deutschen Demokratie. Zur Darstellung dieser Demokratie aber gehört auch die Darstellung der inneren Kämpfe und Auseinandersetzungen, der Fehlleistungen und der Erfolge, dazu gehörte auch unsere Auseinandersetzung mit unserer Vergangenheit.

Nicht mehr darauf kam es an, sich selbst als beispielgebend hinzustellen, sondern darauf, ein umfassendes Bild des Lebens unserer Demokratie zu vermitteln, ein Bild, das auch die minder schönen Stellen nicht übermalte. Besucher unserer Kulturinstitute im Ausland sollten dort nicht nur zu hören bekommen, daß wir eine Demokratie seien, sie sollten unsere Demokratie dort auch erleben, indem ihnen das geistige Ringen der deutschen Gegenwart in demokratischer, und das heißt auch: in streitiger Diskussion vor Augen geführt wurde. So mußten nach ihrer Auffassung auch die Friedensbewegung und die ökologische Bewegung in den deutschen Kulturinstituten im Ausland dargestellt werden.

Es konnte nicht ausbleiben, daß sich gegen eine solche Form der Selbstdarstellung Widerstand regte. Man sprach von »Nestbeschmutzung«, und außerdem trauerte man dem hehren alten Kulturbegriff nach.

Rückblickend können wir feststellen, daß wir durch diese Art der Kulturpolitik ein großes Vertrauenskapital angesammelt haben. Dankbar erinnern sich die Menschen in Portugal, in Spanien, in vielen Ländern Lateinamerikas, Afrikas und Asiens, in denen vormals Diktaturen herrschten, der Tatsache, daß ihnen in den deutschen Kulturinstituten lebendige Demokratie und das heißt vor allem: die Freiheit des Worts vorgeführt wurde. Indem wir unsere Probleme nicht verschwiegen, sondern die Art, wie wir um ihre Lösung rangen, darstellten, haben wir die demokratischen Kräfte auf der ganzen Welt ermutigt.

Von Anfang an war Hildegard Hamm-Brücher sich im klaren darüber, daß eine natürliche Tendenz der politischen Parteien dahin geht, auf die Darstellung unseres Landes in ihrem Sinne Einfluß zu nehmen. Dieser Gefahr begegnete sie auf zweierlei Weise. Einmal, indem sie energisch für die politische Unabhängigkeit der Hilfsinstitutionen eintrat und ihnen gegen solche Einflußnahmen den Rücken stärkte, und zum anderen, indem sie sich mit Erfolg im Deutschen Bundestag darum bemühte, einen Konsens aller demokratischer Parteien über die Auswärtige Kulturpolitik herzustellen.

Die demokratische Selbstdarstellung unseres Landes aber erhielt ihren letzten Sinn erst dadurch, daß sie sich als Teil eines umfassenden Kulturaustauschs verstand. Wir können von anderen Kulturen nur erwarten, daß sie sich für unsere Kultur interessieren, wenn wir unsererseits bereit sind, uns ihnen zu öffnen. So erfordert Auswärtige Kulturpolitik ebensoviel Arbeit nach innen wie nach außen. Hier sind wir noch lange nicht am Ziel. Aber die Weichen sind gestellt: Nicht unerhebliche Mittel werden für die Rettung und Restaurierung wichtiger Zeugnisse außereuropäischer Kulturen zur Verfügung gestellt. Städtepartnerschaften, Deutsch-Ausländische Gesellschaften im Inland und Ausland, Übersetzungen vom Deutschen in fremde Sprachen und aus fremden Sprachen ins Deutsche werden zunehmend gefördert. Auf dem von ihr initiierten großen Kongreß »Internationale Kulturbeziehungen – Brücke über Grenzen« im Mai 1980 hat Frau Hamm-Brücher ihre Vorstellung der Auswärtigen Kulturpolitik der Welt zur Diskussion vorgestellt. Die langfristigen Wirkungen dieser Veranstaltung sind noch lange nicht an ihr Ende gelangt. Man kann beobachten, wie sich die Auswärtigen Kulturpolitiken in Europa und weit darüber hinaus noch auch nach den hier gegebenen Anregungen geöffnet haben.

Im Jahr 1990 haben nicht nur die Siegermächte des Zweiten Weltkrieges, nicht nur alle Teilnehmerstaaten der KSZE-Konferenz, sondern die ganze Welt der Einigung Deutschlands zugestimmt. Wir dürfen nicht vergessen, daß 1945 Deutschland das verachtetste und meistgehaßte Land der Welt war. Natürlich hat eine konsequente Friedenspolitik und die Stabilität unserer Demokratie den Grundstein für diese Zustimmung der Welt gelegt. Gleichwohl ist gar nicht zu berechnen, was die nüchterne und demokratische Darstellung unserer Friedensabsichten und unseres kulturellen, gesellschaftlichen und politischen Lebens durch unsere Kulturpolitik dazu beigetragen haben, das Vertrauen in unsere Absichten und in unseren Freiheitswillen zu festigen.

In unseren Nöten und Schwierigkeiten erkannten die Völker ihre eigenen wieder. Im Vergleich mit uns konnten sie feststellen, daß sie selbst in manchen Fragen möglicherweise bessere

Lösungen gefunden hatten. Und so waren sie bereit, da, wo wir bessere Lösungen anzubieten hatten, von uns zu lernen. Sie sahen, daß auch bei uns nur mit Wasser gekocht wurde, und brauchten deshalb im Gespräch mit uns diese auch für sie zutreffende weltweit geltende Tatsache nicht zu verbergen. Nicht mehr die Konzentration auf die eigene Kultur, sondern die Achtung und der Respekt vor anderen Kulturen war nunmehr die Grundlage unserer Auswärtigen Kulturpolitik. Damit war die Voraussetzung für ein wirkliches Kulturgespräch geschaffen. Wer wollte in Zweifel ziehen, daß dieses offene und vertrauensvolle Kulturgespräch nach und nach langsam seine positiven Wirkungen auch auf die politischen Gespräche ausgeübt hat? Die Ernsthaftigkeit und Wahrhaftigkeit unseres Kulturgesprächs mit der Welt hat die Ernsthaftigkeit und Wahrhaftigkeit unseres politischen Gesprächs beglaubigt.

Unsere westlichen Nachbarn erkannten, daß es uns ernst war mit unserer Einordnung in Europa. Die Deutschen wollten nicht länger die Besten sein. Und sie wollten sich nicht länger als die Besten darstellen. Sie wollten nichts weiter sein als ein gleichberechtigtes Volk zwischen anderen gleichberechtigten europäischen Völkern.

Unsere osteuropäischen Nachbarn erkannten im Kulturgespräch, daß es uns ernst war mit der Idee Gesamteuropas. Daß wir, obwohl die damals bei ihnen herrschende Ideologie unseren höchsten Wertvorstellungen zuwiderlief, mit ihnen ins Gespräch treten wollten, daß wir sie nicht von Europa ausschlossen, sondern sie als gleichberechtigte Teile Gesamteuropas schätzten und achteten.

Frau Hamm-Brücher hat in vielen Auslandsreisen ihre Vorstellungen von Auswärtiger Kulturpolitik vertreten. Und freilich konnte es dafür keine überzeugendere Repräsentantin geben als sie selbst. Denn die Forderungen, die sie stellte, richteten sich zunächst und vor allen Dingen an die Deutschen im Ausland. Nicht überall erregte sie damit Begeisterung. Natürlich konnte sie es nicht unterlassen, beim Besuch einer deutschen Schule im Ausland dem Schulverantwortlichen zu raten, »Gesamtschulerfahrungen nutzbar zu machen, die Berufsausbildung zu intensivieren, mehr Demokratie mit Eltern und Schülern zu praktizieren«. Dergleichen klare Worte stießen nicht überall auf Enthusiasmus. Aber sie förderten die Glaubwürdigkeit unserer Auswärtigen Kulturpolitik.

Hildegard Hamm-Brücher ist sicher mit den Ergebnissen unserer Bildungsreform nicht zufrieden. Sie hat mehrfach ihrer Enttäuschung darüber Ausdruck gegeben. Aber das liegt auch daran, daß sie sich ihre Ziele immer sehr hoch gesteckt hat. Schauen wir zurück, so ist unser Bildungssystem durch sie sehr viel effizienter, moderner, chancengerechter und demokratischer geworden.

Und so wird sie wohl auch mit den Ergebnissen der Auswärtigen Kulturpolitik heute noch nicht zufrieden sein. Aber auch hier hat sie die Weichen gestellt. Die Außenpolitik verdankt ihrer Arbeit sehr viel, und alle, die sich um das Ansehen unseres Landes in der Welt mühen, haben Anlaß, ihr dankbar zu sein. Das gilt insbesondere für mich, denn sie hat der Außenpolitik, die im Jahre 1990 zu so großen Erfolgen geführt hat, mit ihrer Auswärtigen Kulturpolitik sehr wesentlich vorgearbeitet. Aber nicht nur das. Sie hat mich als Außenminister im Bundestag, im Kabinett, im Europarat und in der WEU mit großem Engagement und dem ganzen Einsatz ihrer beeindruckenden Persönlichkeit vertreten. Sie hat die Kontakte zu den europäischen Staaten, die nicht der EG angehören, auf eine außerordentlich wirkungsvolle Weise gepflegt. Sie hat uns in der Dritten Welt, über die Auswärtige Kulturpolitik weit hinaus, viel Vertrauen erworben.

Als ihr 1981 das Amt der Koordinatorin der deutsch-amerikanischen Beziehungen übertragen wurde, hat sie sich mit gewohnter Energie auch dieser Aufgabe angenommen. So wurde auf ihre Initiative ein Schüleraustauschprogramm geschaffen, dessen Patenschaft der Deutsche Bundestag und der US-Kongreß übernahmen. Hier wie in ihrem ganzen politischen Leben kam ihre tiefe Verbundenheit mit der Jugend zum Ausdruck. Auch die Jugend vertrat sie, auf sie setzt sie ihre Hoffnung. »Von allen Menschen habe ich junge am liebsten«, bekannte sie einmal. Diese Zuneigung wird ihr bis heute von der Jugend erwidert. Sie war immer und ist immer noch eine großartige und begeisterte Lehrerin, die die Menschen zu sich und zu ihrer Freiheit führen möchte.

Es wäre unaufrichtig, wenn ich an dieser Stelle nicht aussprechen würde, daß es eine Zeit der Entfremdung zwischen Hildegard Hamm-Brücher und mir gegeben hat. Sie hat es, als geborene Liberale, die Partei nicht entgelten lassen. Sie sagte: »Man wechselt ja auch nicht seinen Glauben, wenn einem der Pfarrer nicht gefällt.« Mit dem Pfarrer war ich gemeint. Nun, inzwischen ist viel Zeit vergangen. Wir hatten beide viel Gelegenheit zu zeigen, daß es der gleiche Glaube ist, dem wir anhängen. Gerade weil wir in Tagen schwerer innenpolitischer Entscheidungen so weit voneinander entfernt waren, ist mir daran gelegen, die Achtung und auch die Verehrung zu bezeugen, die ich ihr als einer großen Liberalen von ganzem Herzen entgegenbringe und ihr immer entgegengebracht habe – auch in der Zeit der Entfremdung. Das ist es, was bleiben wird.

Hildegard Hamm-Brücher hat noch ein übriges getan. Sie hat als Mitglied des Deutschen Bundestages, insbesondere auch als Mitglied des Unterausschusses für Auswärtige Kulturpolitik, ihre reiche Erfahrung, ihre Klarheit und Entschiedenheit für diese Sache, die ihre Sache und ihr liebgeworden war, unvermindert bis heute eingesetzt.

Sie hat sich ein tiefes und menschliches Verhältnis zu den Angehörigen des Auswärtigen Dienstes bewahrt. Sie hat, ohne seine Schwächen zu übersehen, seine Stärken im Auswärtigen Amt und in unseren Vertretungen im Ausland kennengelernt. Sie weiß, daß viele hochqualifizierte Menschen in ihm ihr Bestes geben. Sie weiß auch, daß diese Arbeit in der Öffentlichkeit nicht immer die Anerkennung erfährt, die ihr gebührt. Denn die Öffentlichkeit nimmt den Auswärtigen Dienst fast immer nur wahr, wenn etwas schiefgegangen ist. Sie hat das wohl stets als ungerecht empfunden. Und da sie, wo immer sie hingestellt ist, sich leidenschaftlich für die Gerechtigkeit einsetzt, so hat sie sich auch für den Auswärtigen Dienst eingesetzt. Das Gesetz über den Auswärtigen Dienst, das viele Fragen, die jahrelang ungelöst den Dienst belasteten, regelt, verdankt ihr in seiner Entstehung und in seiner Ausformulierung sehr viel. Dafür bin nicht nur ich ihr dankbar, sondern alle Mitglieder des Auswärtigen Amtes.

Man muß viel kämpfen, wenn man seiner Zeit immer ein

Stückchen voraus ist, wie es Hildegard Hamm-Brücher immer war. Sie hat gekämpft und sie kämpft auch heute noch – und es lohnt sich, für sie und für uns alle. Sie hat, auch in der Außenpolitik, Spuren hinterlassen, die nicht mehr zu verwischen sind.

ERWIN HAMM

Selbstheilungskräfte einer gesunden Natur

Ein von uns hochgeschätzter politischer Beobachter erwähnte kürzlich in einem beiläufigen Gespräch, daß im weiten persönlichen Umfeld meiner Frau die Vorstellung, sie könne auch eine Familie haben, überhaupt nicht existiere.

Nach kurzer Betroffenheit habe ich hier aber doch einmal den Zeigefinger gehoben und mir gedacht »so doch nicht«. Damit wird zwar eine seit Jahren beibehaltene Übung durchbrochen, nämlich die Familie aus der politischen Szene soweit wie irgend möglich herauszuhalten.

Das hat aber auch seine guten Gründe. Bei der uniformen Verarmung vieler Begriffe im politischen Bereich gibt es heute schon erstauntes Kopfschütteln, wenn Mann und Frau nicht auf der gleichen Demonstration marschieren oder wenn sie verschiedene Plakate malen.

Zum Mißfallen, sicher auch zur Erleichterung mancher politischen Freunde in der CSU, zu der ich seit 1945 gehöre, habe ich meiner Frau hier gerne den Vortritt gelassen. Sie ist dazu geeigneter, fleißiger.

Die Tätigkeit als berufsmäßiger Stadtrat im Rathaus zu München verpflichtete mich überdies, meine Arbeitskraft allen Bürgern meiner Stadt zu widmen. Ideologische Gräben, in denen manche gerne ihr Süpplein gekocht hätten, waren in unserem Teil Deutschlands glücklicherweise nicht mehr gefragt. Hier hatten die Amerikaner ihre glorreiche historische Stunde. Die gemeinsame Freude über das Ende deutschen Wahnsinns bündelte nämlich alle politischen Kräfte in der Arbeit für eine neue Zukunft.

Die ersten offiziellen personellen Gruppierungen wurden in den Gemeinden zusammengestellt, um dort im Auftrag der Militärregierung mit der Arbeit zu beginnen. Dies war auch der Anfang meiner kommunalen Tätigkeit. Nach einiger Zeit wurden demokratische Wahlen durchgeführt, aus denen dann die ersten gewählten Stadt- und Gemeindeparlamente hervorgingen. Die älteren Mitglieder dieser ersten Nachkriegsparlamente waren innerlich und äußerlich alle noch gezeichnet von den vielfältigen Leiden und Begebenheiten der Vergangenheit.

Da mußte natürlich eine höchst erfreuliche Erscheinung, die aus diesem Schema herausfiel, besonders auffallen, nämlich ein Fräulein Brücher. Frisch, strahlend, unverbraucht blickte sie lächelnd in alle Gesichter und verbreitete überall gute Laune. Ihre zupackende Art ließ sie überall mit anfassen, sogar beim Reparieren zerstörter Schuldächer mit noch brauchbaren alten Ziegeln.

Ludwig Thoma würde heute dazu bemerken: »Sie zeigte damals schon ihre Berufung zur kulturellen und hier besonders zur erzieherischen Szene.«

Erziehen tut sie nämlich für ihr Leben gern: Parlamente, Familie, Fraktionen, Parteien usw. usw., und zwar mit unermüdlichem Einsatz und bemerkenswerter Fähigkeit, manchmal aber auch nur mit mäßigem Erfolg. Ihr besonderes Geschick besteht darin, daß das Objekt dieses Bestrebens oft gar nichts davon merkt. So hat die Tochter Verena (heute eine sehr bemühte, aber fröhliche Krankengymnastin) im Alter von etwa zehn Jahren, als sie einmal, überlistet, vor eine Fernsehkamera geriet, auf die Frage, wie es denn zu Hause mit der Erziehung gehandhabt werde, völlig unbefangen und lustig in die Kamera gekräht: Bei uns zu Hause wird nicht erzogen. Das arme unwissende Kind – aber sie hat alles ohne bleibende Schäden überstanden. Kern der Aussage: Wenn sich meine Frau vor die Aufgabe gestellt sieht, irgend etwas voranzubringen – ganz gleich, ob im Stadtrat, Landtag, Bundestag, Bildungsministerium, Auswärtigen Amt (auch in der Familie), so ist es mit liberalen laissez-faire-laissez-aller-Allüren vorbei. Dann tritt die protestantische Arbeitsethik (ich bin und bleibe katholisch) mit der Peitsche der Pflichterfüllung ein autoritäres Regime an. Normales Familienleben verkriecht sich in die äußersten Ecken, nicht ohne daß diese aber zuerst auf klinische Sauberkeit hin untersucht wurden.

Eine absolute Lauterkeit in allen Belangen macht meiner Frau vorhandene Sachzwänge zum Greuel. Daß damit Schwierigkeiten für eine eventuelle Karriere verbunden sein müssen, kann sie nicht verstehen. Diese schwierige Eigenschaft hat ihr ganzes Leben geprägt und wurde für alle bei vielen Gelegenheiten spürbar, z. B. bei der Wende 1982 oder bei ihrem Dauerengagement für eine Parlamentsreform. Sie hat ihr aber auch einen in öffentlichen Meinungen außerordentlich seltenen Preis eingebracht, nämlich den der Glaubwürdigkeit.

Die Selbstheilungskräfte einer rundum gesunden Natur haben sie aber doch immer wieder vor extremen Pendelausschlägen bewahrt und ihr, was besonders wichtig ist, ein Urteilsvermögen erhalten, dessen Vorhandensein oft erst bei gebotenem Anlaß und mit geeignetem Filter nach außen entlassen wird. Diese sehr stabile Persönlichkeitsstruktur war auch die Voraussetzung dafür, daß sie weitgehend ungebrochen schwarze Jahre einer nicht ausgelebten Kindheit überwinden konnte. Spuren dieses verlorenen, wichtigen Lebensabschnitts hängen ihr aber doch ab und zu bis heute nach. Sie bilden andererseits auch die Grundlage dafür, daß ihr jugendlicher Charme bis heute erhalten geblieben ist.

Einen nicht unbeträchtlichen Anteil an der ganzen äußeren Lebensentwicklung meiner Frau hatte der erste Bundespräsident, für sie offenbar eine Art Vaterfigur. Nach der Promotion bei dem Chemie-Nobelpreisträger Professor Heinrich Otto Wieland war sie als wissenschaftliche Assistentin bei der amerikanisch lizenzierten »Neuen Zeitung« tätig und interviewte einmal Theodor Heuss, der das Gespräch mit den Worten beendete:

> »Mädle, Sie müssed in d' Politik«.

Der Tragweite dieses Satzes war er sich sicher nicht bewußt, sonst hätte er bei so schwerwiegenden Worten auch noch hinzusetzen sollen: »Nun siegen Sie auch mal schön.« Das hat er zwar später auch gesagt, aber an anderer Stelle und zu anderen Personen.

So aber gehörten auch Enttäuschungen zu ihrem Leben. Ich

habe mich oft gefragt, was aus ihr geworden wäre ohne jenen so eben dahingesprochenen Satz von Theodor Heuss. Ihr Leben wäre wahrscheinlich auch interessant verlaufen, hätte ihr aber vielleicht mehr unbeschwerte, frohe Stunden gebracht als die Politik. Nach meiner Lieblingsvorstellung hätte sie Managerin einer weltweit herausgehobenen Hotelkette werden sollen. Dann bräuchte man sich um keinen Haushalt zu kümmern, und ich könnte immer auf Reisen sein. Bei unserem Sohn Florian als Pilot der Lufthansa ist zu unserer großen Freude die Kompaßnadel ja auch in die richtige Richtung gegangen.

Unsere Familien-Jeanne d'Arc von Bonn wird sicher noch viele lobende Stimmen hören – ihr guter Geist wird sie aber hoffentlich auch davor bewahren, allen zu glauben. Darauf setzt die Familie sehr, denn eine spätere Heiligsprechung würde uns alle zu sehr strapazieren und ihr das jetzige Dasein noch schwerer machen.

Ein aufmerksamer, kluger, analytischer Politiker, langjähriger Fraktionsführer meiner Partei, hat einmal festgestellt, die Hoffnungsträger im politischen Leben hätten zumeist keine Biographie, sondern nur eine Karriere. Der Mann hat absolut recht. Zum wohl allgemeinen Erstaunen darf ich diesen Satz damit kommentieren, daß meine Frau keine Politikerin ist. Sie ist viel mehr. Sie ist eine wesentliche Persönlichkeit, mit allen Ausstrahlungen einer solchen, wobei die Familie nicht immer der Teil der Umgebung ist, der am meisten Licht abbekommt. Aber wir sind sehr stolz auf sie und stehen schwitzend an ihrer Seite. Zeitweilig auftretende Spinnweben von Mutlosigkeit und Müdigkeit versuchen wir nach Kräften zu zerreißen – mit wechselndem Erfolg.

Für den württembergischen »Teiresias« wäre es jetzt an der Zeit, sich wieder einmal zu äußern, und zwar deutlich in dem Sinne:

> »Späts Mädle, Sie solle jetzt endlich vom Lebe was habe.«

Mir glaubt sie es ja nicht.

Hartmut von Hentig

Die Schule neu denken

Anmerkungen zum Schicksal der Bildungsreform

Unter den Bildungspolitikern gibt es Reformer und solche, die das bestehende System verteidigen, die es zu erhalten suchen. Das ist eine banale Feststellung – bis auf die darin implizierte Tatsache, daß beide ihrer Etikettierung nicht entrinnen. Sie können ein ganzes Berufsleben lang verändern oder bewahren. Dieser Befund kann für beide ehrenvoll sein, sagt er doch: Sie halten ihrer Idee die Treue. Aber er bescheinigt beiden auch, daß sie sie nie überzeugend verwirklicht haben. Der Streit geht offenbar weiter und scheint sich zu verselbständigen. Seltsamer noch: Die Reformer und die Bewahrer haben dabei oft ihre Anlässe, ihre Argumente, sogar ihre Richtung geändert, aber sie bleiben Reformer oder Bewahrer

Hildegard Hamm-Brücher ist eine Reformerin. So steht es in jedem Lexikon. Was macht einen Menschen dazu? Warum bezeichnet »Reformer« nicht jemanden, der eine (abschließbare) *Tätigkeit tut*, sondern einen, der eine (unveräußerliche) *Eigenschaft* hat?

Eine allgemeinere Antwort auf diese Frage verlangt die Unterscheidung von drei Ausdrücken: »die Schule verändern«, »die Schule verbessern«, »die Schule neu denken«. Alle drei Ausdrücke geben ein nützliches Vorhaben an. Für das erste gibt es immer Anlaß; für das zweite seltener, als man in unserer sich beschleunigt verändernden Welt behauptet und fordert; für das dritte erwacht ein Bedürfnis wohl in jeder Generation wenigstens einmal, aber – das ist meine These – nur wenn die Schule selber schon eine neue Funktion hat, kann sich das Bewußtsein davon auch durchsetzen. Die Schule ohne Notwendigkeit neu zu denken fällt in das Verändern und Verbessern zurück, führt nicht nur nicht zum Wandel, sondern im Gegenteil durch Reparatur zur Bewahrung. Eben deshalb kann man die Schule ein Leben lang reformieren.

Ich will zunächst, was ich mit der »Verbesserung« und der »Veränderung« meine, kurz an Beispielen verdeutlichen und mich dann dem Thema dieses kleinen Versuches zuwenden – der Aufgabe, die Schule neu zu denken.

»Verbessern« heißt: etwas zu dem machen oder befähigen, was es seiner Bestimmung nach sein oder leisten soll. Verbessern ist eine idealistische, eine platonische Denkfigur. Sie setzt einen bleibenden Maßstab voraus, den die Wirklichkeit – also die Erscheinungen oder Phänomene – nie erreicht, dem sie sich nur annähert. Darum kann und muß die Schule wie jede andere Institution ständig verbessert werden. Was die Bestimmung der Schule ist, wird dabei als bekannt vorausgesetzt. Sie ist eine Anstalt, in der die Menschen durch Unterricht gebildet werden, und das wiederum heißt: so geübt und ausgestattet, daß sie den Erwartungen ihrer Kultur gewachsen sind. Die Verbesserung der Schule kann sich dabei auf vielerlei erstrecken: auf die Wirksamkeit der Methoden des Lernens und Lehrens, auf die Auswahl der Gegenstände, an denen der Mensch sich bildet, auf die Übereinstimmung von humanen Zielen und humanen Formen, in denen man sie zu erreichen sucht. Jede Vorbereitung des Unterrichts, jede Lehrerkonferenz, jedes Gespräch mit Eltern und Schülern kann dem dienen ebenso wie eine neue Studienplanregelung, wie ein gestraffter oder liberalisierter Lehrplan, wie ein angemessenes Gebäude und vernünftige Größenordnungen.

»Verändern« ist oft eine Folge von »Verbessern«, aber es hat auch seine eigenen Gründe. Diese liegen meist in der Notwendigkeit, die Schule an veränderte äußere Verhältnisse anzupassen. Typische Begründungssätze für solche Veränderungen sind: Es gibt jetzt in unserem Stadtviertel 40 % Ausländerkinder / Mehr Eltern können sich leisten, ihrem Kind eine höhere Bildung zu geben, als sie selber haben, und streben dies auch an / Die Wissenschaft stellt neue verläßliche diagnostische und prognostische Mittel zur Verfügung / Die Vermehrung der Abiturienten hat den Andrang bei den Hochschulen so erhöht, daß die Zulassung nur aufgrund strenger Leistungskontrollen möglich ist / Der Humanisierung steht ein verschärfter Wettbewerb und eine Anonymisierung der Beziehungen entgegen / Die weiterführenden Schulen sehen sich gezwungen, neben der herkömmlichen »akademischen« Bildung auch berufsbildende Kurse anzubieten / Geringe Jahrgangsstärken nötigen zur Zusammenlegung von Schulen und damit zu anderen Organisationsformen etc. Das Eingehen auf solche (und viele andere) Sachverhalte bezweckt und bewirkt nicht in erster Linie eine Verbesserung der Schule, sondern die Erhaltung oder Wiederherstellung ihrer Funktionsfähigkeit. Ja, indem man die notwendig erscheinenden Veränderungen vornimmt, bereitet man der Schule oft neue Schwierigkeiten, die ihrerseits beseitigt oder bewältigt sein wollen, bevor die Schule wieder leisten kann, was sie soll, noch ganz ohne eine gute Schule, geschweige denn die bestmögliche zu sein.

Ein solcher Anpassungsschub heißt in der jeweiligen Epoche »die Reform«. Eigentlich ist er immer ein Versuch, durch *Veränderung* zu Grundverhältnissen zu kommen, innerhalb derer wieder *Verbesserung* möglich ist, die tägliche Arbeit an der guten Schule anstelle der täglichen Überwältigung durch widrige Umstände.

In den mittsechziger Jahren unseres Jahrhunderts haben Georg Picht, Ralf Dahrendorf, Hellmut Becker, Hans Dichgans, Friedrich Edding und eben Hildegard Hamm-Brücher diese Reform der deutschen Schule betrieben: aus gesellschaftlichen Notwendigkeiten heraus, und Erziehungswissenschaftler und Psychologen wie Heinrich Roth, Herwig Blankertz und Wolfgang Klafki lieferten die wissenschaftlichen Erkenntnisse dazu – eigene und solche aus Skandinavien, den USA, England, Frankreich, der UdSSR. Ihnen ging es – anders als anderen gleichzeitig operierenden und häufig ideologisch orientierten Personengruppen, vornehmlich unter den Studenten und Schülern – um eine »pragmatische Bildungspolitik« (Hamm-Brücher: Aufbruch ins Jahr 2000, oder Erziehung im technischen Zeitalter, Rowohlt, Reinbek 1967, S. 149), und das hieß vor allem: um quantitative und organisatorische Veränderungen als Voraussetzung für die zeitgemäße Funktionstüchtigkeit der Schule. Diese Schule sollte zu einer modernen Demokratie, einer sozialen Marktwirtschaft und einer industrialisierten Gesellschaft passen. Die dafür eingesetzten Mittel waren: Verlängerung der Schulzeit, Vermehrung der Bildungsangebote, Verschiebung der Differenzierungsschwellen, Einbeziehung des berufsbildenden Schulwesens, Neugliederung der Lehrerbildung, Verwendung eines anderen, aktiven Begabungsbegriffs, Einführung neuer qualifizierender Abschlüsse, Modernisierung der Didaktik vor allem zur Förderung des Unterrichts in den Naturwissenschaften, der Mathematik und den Fremdsprachen, vermehrter Einsatz von Bildungsplanung und Bildungsforschung zur Entwicklung und Koordinierung der mit Schule zusammenhängenden gesellschaftlichen Tätigkeiten. So etwa hat Hildegard Hamm-Brücher ihr Programm für eine »freiheitliche und fortschrittliche Bildungspolitik« zusammengefaßt (ebenda S. 151).

Eine solche Reform müßte ihr Ziel innerhalb von fünfzehn Jahren erreichen können. Gelingt ihr das nicht, sind entweder die Widerstände der Menschen zu groß, oder die Probleme selber wachsen schneller nach, als man sie bewältigt. Wenn sich aber die Funktionstüchtigkeit der Schule nicht innerhalb einer Schülergeneration wiederherstellen läßt, muß neu über die Reform nachgedacht werden, was dazu führen kann, daß man die Schule neu denkt.

Über die Schule denken wir nicht nach, wenn sie ihre Aufgabe auch nur einigermaßen erfüllt. Wir haben und brauchen keine ausdrückliche Theorie von ihr, solange die Widersprüche in ihr nicht unauflösbar geworden sind. Daß die Menschen über die Schule klagen, nötigt uns jedenfalls noch nicht dazu; es gehört vielmehr zu ihr wie das Kopfschütteln zur modernen Kunst und die Entrüstung zur Politik. Man könnte vielmehr sagen: Wären die Schulen *nicht* beschwerlich, die Kunst *nicht* unverständlich, die Politik *nicht* bestreitbar, ihnen fehlte etwas, und man begänne sich zu wundern. Mit anderen Worten, wir müssen uns mit einer gewissen Strenge zum Denken der Theorie entschließen, um mit ihrer Hilfe sehen zu können: Welche Probleme kommen aus *nicht erfüllter* Bestimmung – wie in den sechziger Jahren – und welche aus *nicht erfüllbarer* Bestimmung, also aus einer falschen oder falsch gewordenen Theorie.

In der Geschichte der Pädagogik sind dies die großen Augenblicke, in denen einer das Neu- oder Um-Denken gewagt hat –

ein Platon/Sokrates, ein Comenius, ein Rousseau, ein Dewey, ein Illich.

Unterstellen wir, die sich über fast dreißig Jahre hinziehende Bildungsreform fordere, daß wir die Schule neu denken, müssen wir dann auf eine große Frau, einen großen Mann warten, der dies für uns tut? Das ist die eine Frage (A). Die andere Frage (B) ist: Hat das Neu- und Umdenken der Bestimmung von Schule überhaupt eine Aussicht, das gewaltige, träge, seinerseits abhängige Aggregat von Einrichtungen, Gesetzen, Richtlinien, Prüfungsordnungen, Laufbahnen, Tagesläufen und Lebensplänen zu verändern?

Auf die erste Frage (A) antworte ich: Nein, wir müssen vielmehr vor allem eines zu gewinnen suchen: Abstand, müssen einen weiten Blick auf die Verhältnisse nehmen und uns nicht nur pragmatisch, sondern s. v. v. philosophisch verhalten. Es bedarf dazu keiner Kühnheit, keiner besonderen Gaben oder Erkenntnisse. In der gängigen Sprache meiner Zunft heißt das: Wir müssen uns eine Theorie von der Schule machen. Und damit dieser Vorschlag nicht gleich als banal oder längst erfüllt zurückgewiesen wird, begründe ich ihn durch eine kurze »Theorie der Theorie«.

Auf die zweite Frage (B) antworte ich: Die Veränderungen, die die in den sechziger Jahren initiierte Reform hervorgebracht hat, *haben* außerordentlich viel verändert. *Mehr* Veränderung wird die neu gedachte Schule vermutlich nicht fordern. Aber sie wird aus der Veränderung einen anderen Nutzen ziehen können, eben weil sie mehr als die Anpassung der Schule an die Verhältnisse im Sinn hat. Hinzu kommt, daß wir es im vereinten Deutschland nicht mehr nur mit dem seit 1945 entwickelten föderalen und liberalen System der westlichen Bundesländer zu tun haben, sondern mit dem Scherbenhaufen eines zentralen und autoritären Bildungswesens in den neuen östlichen Bundesländern. Der dortige allgemeine gesellschaftliche Umbruch verlangt, daß die alten Einrichtungen und die neuen Erfordernisse gründlich aneinander geprüft werden. Darum ist dort eine ganz andere, viel weiter gehende Erneuerung möglich als in den alten Ländern der Bundesrepublik, in der sich auch die Fehler des Systems bis zu der gewünschten »Reibungslosigkeit« eingespielt haben und Anlässe zur Veränderung kaum erkennbar werden lassen.

(A) Gedachte Gründe für und Erwartungen an eine Theorie der Schule

Schule ist ein gesellschaftliches Artefakt. Den Zweck setzen wir Menschen. Es gibt keine Schule von Natur.

Von Natur gibt es ein Bedürfnis des Kindes und jungen Menschen nach Hilfen beim Sich-Einfinden und Einüben in der Welt, wie sie ist. Für den schwach geborenen und auf vielfältige Anpassung an seine Umgebung angelegten Menschen braucht dieser so etwas wie Pädagogik oder Erziehung. Diesen Tatbestand hat Jean-Jacques Rousseau zwar nicht erfunden, aber besonders eindrücklich dargestellt. In neuerer Zeit ist er von Psychologen, Biologen und Verhaltensforschern bestätigt und durch Untersuchungen im einzelnen geklärt worden.

Aber – auch das hat Jean-Jacques Rousseau gezeigt – diese natürliche Pädagogik kommt nur im Rahmen geschichtlicher Verhältnisse vor. Die Analyse dieser Verhältnisse nimmt den weitaus größten Teil der Aufmerksamkeit der ebenfalls Pädagogik genannten Forschungsdisziplin ein.

Die meisten Schulsysteme in der Welt gründen auf etwas anderem – einem Bedarf von Staat oder Kirche oder Gesellschaft: nach Loyalität der einzelnen zur jeweiligen Gemeinschaft, nach Verständigung in dieser und also nach der Fähigkeit der Menschen, »Gesprochenes, Geschriebenes, Gedachtes« zu verstehen, nach wirtschaftlich nutzbaren »Qualifikationen«. Auch die Vorbereitung hierauf wird als Pädagogik (Kinder-Führung) bezeichnet, obwohl sie im Prinzip in jedem Alter erfolgen kann, wenn schon nicht mit gleichem Erfolg.

Sofern es bei der Aufstellung einer Theorie der Schule um eine »pädagogische« Einrichtung im engeren Sinn geht, müssen drei Komponenten berücksichtigt werden: (a) die pädagogische Anthropologie, (b) die Geschichte bzw. die Kulturtradition und (c) der akute Wille ihrer Veranstalter, und das heißt für uns: die nach rationaler Prüfung der Gegebenheiten gesetzten Ziele. (Ich schließe mit anderen Worten die Bestimmung der Schule aus Religion oder säkularem Kultus – z. B. »Nationalerziehung« – aus.)

Logisch wäre hierbei, wenn die Denkbewegung vom wenigstvariablen Faktor, vom gebieterischsten Bestimmungsgrund ausginge. Aber da beginnen die Zweifel und Divergenzen: Die einen meinen, dies seien die anthropologischen Daten. Andere sehen den Menschen auf die geschichtlichen Verhältnisse und Vorstellungen festgelegt; die natürlichen Bedingungen habe er längst abgelegt oder den kultürlichen unterworfen; fast alle Verhaltensweisen ließen sich »konditionieren«, wenn man nur wolle. Andere schließlich sagen: Eben darum sei die Klärung unseres Willens der entscheidende Ausgangspunkt; er sei das am wenigsten bewußte und rationale Moment in der Pädagogik, weil es keine Empirie des Willens im strengen Sinne gibt.

Eine weitere Möglichkeit, eine Theorie der Schule aufzustellen, wäre, die drei Komponenten in *bedingter* Form zu verbinden und ihre Stimmigkeit »unter diesen Bedingungen« zu prüfen. Die Figur sähe dann so aus: Wenn die Schule die Bestimmung hat, X zu sein, oder den Auftrag hat, X zu erfüllen, wird sie unter den heutigen Verhältnissen Y und den natürlichen anthropologischen Gegebenheiten Z am besten zum Ziel gelangen, indem sie A tut, B vermeidet, C organisiert etc. Dieser Möglichkeit sei hier der Weg bereitet.

Denkbar sind die folgenden sechs Bestimmungen von Schule:

1. Die Schule ist ein Ersatz für die Lebensumstände, die natürlicherweise die Erziehung des Menschen besorgen: die Familie, die Wahrnehmung der Natur, die Beteiligung an den Tätigkeiten der Erwachsenen in der *polis*. Sie ist eine Einrichtung, die an einem bestimmten Punkt in der Geschichte unserer Kultur notwendig geworden ist, nämlich als jene Lebensumstände einer Ergänzung, einer systematischen und dauerhaften Stütze bei ihrem »natürlichen« pädagogischen Geschäft bedurften.
2. Die Schule ist als Gegenkraft zu den Einflüssen gedacht, die von der Welt der Erwachsenen ausgehen, wenn bzw. seit diese ihre Lebensformen nicht den pädagogischen Einsichten unterwerfen, die sie haben. Schule gleicht nicht so sehr aus, sie soll vielmehr als ständige Korrektur wirken.
3. Die Schule ist eine selbständige und als solche gewollte Kulturform neben der Politik, der Wirtschaftsordnung, dem Kul-

tus, dem Sport. Auch wenn die Gesellschaft keine Schäden oder Mängel hätte, man würde die Kindheit und Jugend des Menschen anders organisieren, mit anderen Erfahrungen füllen als die Zeit des Erwachsenseins, (a) um den besonderen Gesetzen des Aufwachsens gerecht zu werden und (b) um die Wandelbarkeit der Gesellschaft zu erhalten. Die Schule ist die ideale Vorwegnahme der jeweils gemeinten *polis*, in unserem Fall der demokratischen, aufgeklärten, europäischen, weltoffenen.

4. Schule ist (keine Kulturform, sondern) eine Spezialeinrichtung, in der bestimmte Kenntnisse, Fähigkeiten und Fertigkeiten zugänglich gemacht werden. Sie wird insofern vom Staat und für alle unterhalten, als alle Menschen dieser Kenntnisse, Fähigkeiten und Fertigkeiten zum Leben in der Gesellschaft bedürfen. Sie ist eine streng begrenzte Institution, die Schaden anrichtet, wenn sie mehr zu tun sich anmaßt, als ihr solchermaßen geboten ist.
5. Die Schule ist eine Einrichtung mit vielfältigen gesellschaftlichen Aufgaben, die sich am besten an ihr und in der Kindheit und Jugend erfüllen läßt. Sie ist ein Instrument der Gesellschaftspolitik
   - zur zweckmäßigen Vorbereitung und gewünschten Sortierung der Menschen auf die Berufe
   - zur Einübung in bestimmte notwendige soziale Rollen
   - zur gerechten Zuteilung von sozialen Chancen
   - zur sicheren, kompetenten, phantasievollen Betreuung in der Zeit, die den anderen Aufgaben nicht dient.
6. Die sechste mögliche Bestimmung ist den Revolutionären und den Fundamental-Konservativen gemeinsam. Beide wollen in der Schule »Menschen machen«; die einen hoffen auf die neue Generation, mit der die ersehnte neue Zeit anheben soll; die anderen fürchten sie, weil mit ihr die Welt in die mühsam überwundene Barbarei zurückfallen könnte. Beide legen darum die jungen Menschen auf ein vorgefaßtes Bild, ein fertiges Programm fest. Ihre Schule ist nicht um der »von Natur aus« notwendigen Selbstentfaltung des Menschen willen da; die unter 2. gegebene Begründung für diese Einrichtung hat für sie keine Bedeutung.

Die Schule ist, weil sie immer – auch im Fall der zweckrationalen, dienstbaren Funktion (4. und 5.) – die Persönlichkeit des Schülers und der Schülerin berührt, grundsätzlich eine private Angelegenheit; sie ist, weil das Schicksal des Ganzen vom Verhalten aller abhängt, grundsätzlich auch eine öffentliche Angelegenheit. Aus diesem Widerspruch rettet sie keine Theorie, keine Formel, kein Gesetz. Eine Theorie der Schule hat vielmehr diesen Gegensatz zu ihrem Gegenstand zu machen.

Die sechs Bestimmungen sind so gewählt und formuliert, daß eine theoretische Vermischung nicht sinnvoll ist. Praktisch – im Bewußtsein der an der Schule beteiligten Personen und in den an ihr getroffenen Maßnahmen – kann so gut wie alles gleichzeitig zutreffen. Wo immer das der Fall ist, wird man es schwer haben zu sagen, ob dies eine »gute« Schule ist und wie sich ihre Qualität zu der einer anderen verhält, die sich streng an eine der Bestimmungen hält. Eine pragmatische Mischung könnte die Schule für ihre Mitglieder angenehmer, für die Öffentlichkeit interessanter, für die Schulgeschichte bedeutender und auf die Zwecke der Welt hin erfolgreicher machen. Ein Kriterium der Güte, ein Maß der Wünschbarkeit einer solchen Schule wäre dann jedoch nur die Verträglichkeit der einzelnen Maßnahmen untereinander, die Aushaltbarkeit der Spannungen – auf Kosten der jeweiligen Einzelbestimmungen, auf die sich die Schule beruft.

In solchen Ausgleichsbemühungen ist die Schule dauernd begriffen. Hat sie Probleme mit dem sogenannten Leistungsstand oder der Disziplin oder dem Wohlbefinden von Lehrern und Schülern oder der schichtenspezifischen Verteilung der Abschlüsse, dann ist es sicher gut, wenn sie sich dies mit Hilfe einer Theorie erklärt, die die unterschiedlichen Bestimmungen der Schule an den Anfang der diagnostischen Bemühung stellt.

Die sechs Modelle habe ich aufgestellt, um zu zeigen, daß wir – in der geschichtlichen Situation – eine Wahl haben und treffen müssen. Die meine fällt auf eine Abwandlung von Modell 1. In der Abwandlung, die ich theoretisch vornehme, bilde ich den Wandel ab, den ich in der Wirklichkeit wahrnehme: Die Schule ist seit längerem – nicht erst und nur in geringem Maß aufgrund der Reform – für einen immer größeren Teil der Schüler für einen immer größeren Teil ihres Tages der eigentliche Aufenthaltsort geworden. In ihn bringen sie Vorstellungen, Erlebnisse, Fragen, Verstörungen, Erwartungen mit, für die sich die alte Schule mit gutem Grund nicht zuständig fühlte. In der neuen ist es nicht mehr sinnvoll, zwischen Schule und der Welt da draußen, zwischen Lernen und Leben zu unterscheiden, und es ist schon gar nicht möglich, diese Erscheinungen abzuweisen. Aus einer Unterrichtsanstalt ist »a place for kids to grow up in« (Paul Goodman) geworden. Das muß kein Glück sein. Ich verstehe alle, denen vor der Möglichkeit graust, daß die staatlich ausgebildete und beamtete Lehrerschaft nun auch noch »das Leben« der Kinder »gestaltet«. Aber dieses Grausen kommt zu spät. Denn das Schlimme ist ja, daß die Schule dies schon längst tut, ohne sich dessen bewußt zu sein. Den unbewußten, also unkontrollierten und nicht abzuwehrenden Teil ihrer Tätigkeit hat man das *hidden curriculum* genannt. Nun soll es offenbar gemacht werden und damit vorzeigbar, verantwortbar, veränderbar. Aus dem Aufenthaltsort soll ein Lebensort, ein Ort bewußter Erfahrungen werden. In den Landerziehungsheimen hat man dies längst zum pädagogischen Prinzip gemacht. Jetzt soll es Anwendung auch in der Tagesschule finden. Für die Bielefelder Laborschule habe ich die folgenden sechs Thesen aufgestellt:

1. Ist die Schule ein Lebensraum für Kinder (neben den Lebensräumen Familie und Wohnung, Straße und Stadt, Natur), dann müssen Kinder auch in ihr leben können, und dazu wiederum muß sie nicht nur ihre Maßstäbe und Umgangsformen, sondern auch ihre Anlage und ihre Ausstattung wandeln. Daraus ergeben sich die weiteren Merkmale: Sie muß nun die Aufgaben, die Schwierigkeiten und die Versprechen enthalten, die das Leben in unserer Gesellschaft für die Kinder bereithält.
2. Das schwerste Pensum unseres heutigen Lebens ist: mit Unterschieden, mit dem Pluralismus, mit dem Wandel der Dinge zu leben. Die Schule muß ein Ort sein, an dem man lernen kann, *Unterschiede und Wandel* wahrzunehmen, zu bejahen, zu bewältigen: in ihnen seinen Stand zu fassen.
3. Das gewiß nicht leichtere Pensum ist: in der Gemeinschaft zu leben. Die Schule muß ein Ort sein, an dem man deren Vorteil und deren Preis erfahren kann, sie muß eine *polis* sein und, im

Gegensatz zur Welt da draußen, durchaus in mancher Hinsicht eine »ideale« *polis*. Nur wer einmal auch nur einen Zipfel der besseren Welt erfaßt hat, wird diese im späteren Leben suchen, verteidigen, einzurichten sich bemühen.

4. Ist die Schule ein Lebensort, muß sich in ihr der *ganze Mensch* entfalten können, nicht nur sein Gedächtnis und sein Denkvermögen.
5. Die Schule ist eine *Brücke* zwischen den Lebensordnungen der Kleinfamilie und den großen Einrichtungen und Systemen der Gesellschaft.
6. Die Schule bleibt immer auch *Schule*, ein Ort, an dem bestimmte nützliche Kenntnisse, Fertigkeiten und Fähigkeiten vermittelt werden.

   Der formale Unterricht hat auch in der Schule als Erfahrungsraum einen festen Platz. Er ist deutlich begrenzt, hängt erkennbar mit dem übrigen Lernen und Leben zusammen, beginnt »ganzheitlich« und mündet in den klassischen Fächern. Er muß für Kinder interessant sein. Es ist so sträflich, Kinder zu langweilen wie sie zu prügeln.

Zu einer solchen Theorie gehört notwendig immer auch eine Theorie von den pädagogischen Aufgaben, Möglichkeiten und Wirkungen anderer pädagogischer Instanzen:

- der Familie und Nachbarschaft
- der Öffentlichkeit, der *res publica*
- der Sachen, d. h. der von unserem Willen und unseren Vorstellungen unabhängigen Lebensverhältnisse: der vorhandenen Gegenstände, der Zeit- und Raumverhältnisse, der Rechtsbeziehungen etc.
- der durch die Medien vermittelten Vorstellungen / Bilder.

Je nach dem gewählten Modell wird viel oder wenig von diesen zu sagen sein.

Die hier eingenommene Position (Modell 1 bzw. seine Abwandlung in Modell 7, vgl. S. 72f.) setzt hohe Erwartungen in die Familie und die *polis*, als deren bloße Ergänzung sie erscheint – zudem als ein Mittleres und ein Vermittler zwischen ihnen.

Alle der Familie und der *polis* zugedachten Funktionen wären deskriptiv wiederzugeben und in einer »Theorie der Schule« im strengen Sinn nur schlecht aufschließbar. Hier müssen die folgenden allgemeinen Sätze genügen:

Die Familie – das ist die Gemeinschaft von Eltern und Kindern – ist allein schon deshalb entscheidend, weil sie den frühesten Einfluß auf das Kind nimmt. Sie hat seine wesentliche Formung und Ausrichtung – im Guten wie im Unguten – vollzogen, von denen die Schule ausgehen muß. Diese muß das Kind als die Person hinnehmen, die es bisher geworden ist; sie kann diese Person weiter entfalten, ihr neue Wege zeigen, ihr andere Identifikationsmöglichkeiten eröffnen. Brechen, umwandeln, sich selbst entfremden darf sie sie nicht. Der sogenannte Elternwille ist selbst so etwas wie eine anthropologische Gegebenheit, er ist nicht nur ein Rechtstitel. Die Schule kann nicht gegen diesen Willen arbeiten, ohne das Kind unberechenbaren Belastungen auszusetzen, kurz: ohne ihm zu schaden. Sie muß die Eltern für ihre pädagogische Vernunft zu gewinnen suchen.

Die Eltern sind gleichwohl nicht die Auftraggeber der öffentlichen Pflichtschule; das sind die Bürger – das ist die *polis.*

Der Einfluß der *polis* – das ist die Gesamtheit unserer gemeinsamen Lebensverhältnisse – ist außerordentlich groß. Man kann sagen: Er ist *prinzipiell* größer als aller Einfluß, den die Schule ausüben kann. Er ist vor allem durch die Schule nicht aufzuheben oder auszuschalten – und nur geringfügig zu verändern, indem Lehrer auch Politik treiben, selber andere Bürger zu sein sich bemühen, selber bewußt Eltern unter Eltern sind.

Die Beamtung des Lehrers – eine in vieler Hinsicht bedenkliche Einrichtung – sollte diese eine positive Bedeutung und Folge haben: daß die Lehrer die *polis* repräsentieren und hart an diesem Maßstab gemessen werden.

Auf die sachlichen Verhältnisse, in denen wir leben, hat die Schule ebenfalls keinen direkten Einfluß. Aber sie sollte ihre pädagogischen Erwartungen formulieren, begründen und energisch anmelden: an den Städte- und Wohnungsbau, an die Verkehrsverhältnisse, auf die Zugänglichkeit der Natur, auf einen vernünftigen Lärmschutz (Kinderfröhlichkeit *ja*, Tiefflieger *nein*), auf ein sinnvolles Nahrungs-, Bilder-, Spielzeug-Angebot – und auf die Beteiligung der Kinder an den wichtigen Aufgaben der Erwachsenen.

Die öffentlichen Medien, unter ihnen heute vor allem die elektronischen, sind Teil der oben behandelten Öffentlichkeit. Diese Feststellung ist, wie man weiß, umstritten. Die privaten Fernsehanstalten verstehen sich selber als Händler eines Konsumguts, über das nur der Käuferwunsch und das frei konkurrierende Angebot zu bestimmen haben. Die Schule wird das hinnehmen müssen, und das heißt: Ihre Hilfe wird im wesentlichen darin bestehen, den späteren Abnehmern/Käufern von Information und Unterhaltung zu zeigen, wie sie ihr Gewicht als solche geltend machen können. Solange die Kinder Kinder sind, muß die Schule soviel »Wirklichkeit aus erster Hand«, also unmittelbare, nicht-mediatisierte Erfahrung ermöglichen und dadurch einen Vergleich zwischen der Befriedigung, die das eine, und der, die das andere gewährt. Sie muß auch die in den Medien gebotenen guten, ja hervorragenden Möglichkeiten nutzen, und das heißt, das sonst nur passiv erlittene Medienereignis in die eigene pädagogische Verfügung nehmen. (Der Computer ist aus der Grundschule prinzipiell zu verbannen.* Aber auch in der Sekundarstufe sollte er nur spät und mit äußerster Sparsamkeit eingesetzt werden, nicht weil er des Teufels ist, sondern weil man die kostbare Zeit für wichtigere andere Erfahrungen braucht, die sonst niemand an die Kinder heranträgt. Über die Schädlichkeit der neuen Medien klagen und sie einerseits selber benutzen, sie andererseits nicht auch außerhalb der Schule zu bekämpfen, ist für dieses Alter logisch und pädagogisch »kontraproduktiv«. Hier steht dies, um zu verdeutlichen: Die Medien verändern das Verhältnis von Schule und Leben. Eine Theorie der Schule muß weit über die Schule hinausgehen.)

Ein letztes Wort zur praktischen Bewandtnis dieser kleinen »Theorie der Theorie«. Eine Theorie ist in der Regel eine Theorie zu einer Sache, einem Sachverhalt, einer Idee, die sie erklärt. Sie ist durch den schlüssigen Zusammenhang ausgezeichnet, in den sie ihre einzelnen Sätze bringt, und durch die Eindeutigkeit

---

* Für die Gründe siehe Hartmut von Hentig: Werden wir die Sprache der Computer sprechen? In: Neue Sammlung 1/87.

der Beziehung oder des Gegensatzes, in den sie zu anderen Theorien tritt.

Theorien aber sind keine Abbilder der Wirklichkeit. Darum ist es unbillig zu erwarten, daß diese in ihrer jeweiligen Theorie aufgeht. Eine Theorie der Schule hat eine kritische Funktion gegenüber der Schulpraxis. Sie nimmt es dabei in erster Linie mit den anderen falschen Theorien über diese Wirklichkeit, mit den unzulässigen Verallgemeinerungen, den Ideologien, den Darstellungsformen und Bewertungsmustern auf.

Bildungs- oder Schulpolitik ist ein wichtiger Adressat einer Theorie der Schule – nicht weniger wichtig als die Bildungsforschung und die Bildungspraxis. Dies verpflichtet die Theorie der Schule zu Allgemeinverständlichkeit, zu der auch gehört, daß – in den gebotenen Grenzen – »voraussetzungslos« argumentiert wird. Es kann nicht jeder im Kopf herumtragen, was Platon und Comenius, Hegel und Dewey, Illich und Fend und das Max-Planck-Institut für Bildungsforschung dazu gedacht, geforscht, gesagt haben.

Es gibt genug Theorien der Schule. Keine, die man heute aufstellen könnte und möchte, wäre ganz neu, original und originell. Aber die vorhandenen Theorien widerstreiten einander, sie sind hinsichtlich unserer Welt und unserer Erkenntnisse oft unvollkommen, und sie sind meist von Theoretikern für ihre Zwecke gemacht – also umständlich, schwierig, in Auseinandersetzung mit anderer Theorie verstrickt.

Gesucht wird eine Theorie, die die gegenwärtigen Streitpunkte um die Schule erörterbar macht: zwischen Laien und Experten, zwischen Praktikern und Theoretikern, zwischen Pädagogen und Politikern – ein System von Argumenten, nicht eine Dogmatik aus einem Guß.

(B) Erkennbare Gründe, eine neue Bestimmung der Schule für wirksam zu halten

Neben dem oben angedeuteten, noch unübersehbaren Anlaß zu einer gründlichen Umbesinnung in den Ländern der ehemaligen DDR will ich drei relativ handfeste und durch die bisherige Reform nicht erfaßte Schwierigkeiten der Unterrichtsschule benennen. Zu ihrer genaueren Beschreibung reicht der Raum hier nicht.

(1) Die Schule, wie sie ist – sowohl die reformierte als auch die herkömmliche –, bereitet die jungen Menschen nicht auf die Welt vor, die diese beim Verlassen der Schule erwartet.
(2) Die Schule, wie sie ist, bedient sich weitgehend noch immer des beschränkten Mittels der mündlichen und schriftlichen Belehrung; diese Einseitigkeit macht sie weniger wirksam, als sie sein könnte.
(3) Die Schule, wie sie ist, läßt die beiden wichtigsten Mittel der Erziehung ungenutzt: die Person des Lehrers und die gesellschaftliche Wirklichkeit außerhalb der Schule.

Ich gebe zu diesen drei abstrakten Urteilen je etwas Anschauung:

Zu (1): Stellen wir uns das Jahr 2010 vor, wenn die Kinder, die heute die Schule mit sechs Jahren betreten, sechsundzwanzig Jahre alt sind, in dem Alter also, in dem sie heiraten, entscheiden, ob sie Kinder haben wollen, ihre Berufsausbildung endlich abgeschlossen haben, an der Gestaltung der Gesellschaft verantwortlich mitwirken sollen:

- Die Bevölkerung der Erde wird dann 8 Milliarden betragen und rund Dreiviertel davon werden in der sogenannten Dritten Welt leben, also in Armut. Wie werden die Menschen in der Ersten (und Zweiten) Welt ihren Reichtum rechtfertigen, ertragen, nutzen? Oder werden sie auf ihn zu verzichten gelernt haben? Wie soll das zugehen?
- Einstweilen fühlen wir uns nur sicher, solange der amtliche Wirtschaftsbericht weiteres Wachstum verspricht, obwohl wir auch wissen, daß solches Wachstum eine Zunahme des Energieverbrauchs und des Abfalls bedeutet, also etwas, was wir uns gerade nicht leisten können. Wer oder was bringt unseren Kindern die vorausschauende Askese bei? Wie lernen wir selber das Gesetz des Marktes so einzuschränken, daß weder die Menschen durch bürokratische Pläne gegängelt werden, noch die Natur durch willkürlichen Raubbau zerstört?
- Daß wir nach einem weiteren Vierteljahrhundert in einer weitgehend mediatisierten Welt leben werden, ist heute schon abzusehen. Wir werden uns an den Personal Computer im Haushalt, in allen Berufstätigkeiten, im Verkehr, in der Nach-

richtenvermittlung und Unterhaltung gewöhnt haben. Aber wie verträgt sich solche Gewöhnung mit der von uns beanspruchten Mündigkeit, mit der Kontrolle unserer Verhältnisse durch kritische Vernunft? Was wird das verständige Urteil des einzelnen an unserem Kollektivzustand im sich verselbständigenden System der technischen Mittel noch ändern können? Ja, welche Überlebenschance hat eine Menschheit, die sich ungesteuerten, unsteuerbaren Akkumulations- und Erosionsprozessen überläßt?

– Unsere heutigen Landkarten sehen bunt aus; die Farben bedeuten in der Regel etwas, was wir verstehen: Auf dem roten Gebiet lebt das Volk A in seinem Staat, auf dem grünen Gebiet das Volk B in dem seinen. Schon in zwei Jahrzehnten dürften die ihre Identität heftig einklagenden Minderheiten und die universelle Völkerwanderung, die jetzt begonnen hat – von Süd nach Nord, von Ost nach West und innerhalb einer jeden Region –, die Farben gründlich durcheinandergewirbelt haben. Wie werden unsere Kinder mit den Tamilen und Polen, den Mohammedanern und Hindus, die in großer Zahl bei uns leben werden, zurechtkommen? Wie werden sie sich des Fundamentalismus erwehren in einer zugleich hochtechnisierten, von der Wissenschaft gnadenlos durchleuchteten Welt? Woran werden sie die Gültigkeit des Prinzips der Aufklärung, der Verständigung und der Verantwortung erfahren haben?

Das Dilemma aller Pädagogik – daß die Erwachsenen die Jungen für ein noch unbekanntes Schicksal ausstatten – hat sich in unserer Zeit radikalisiert: Wir müssen unsere Kinder auf eine allgemein und prinzipiell unbekannte Zukunft vorbereiten, deren Nöte man nur vermuten kann. Um so notwendiger ist es, die jungen Menschen in solchen Grundfähigkeiten zu üben, die sie allemal brauchen werden: in der Urteilskraft, der Selbständigkeit, der Improvisationsgabe, der Zusammenarbeit, der Verläßlichkeit; in der Fähigkeit zuzuhören, zu beobachten, zu verstehen, zu streiten und sich zu versöhnen; in der Bereitschaft, Wagnisse einzugehen, Irrtümer einzugestehen, ihre Überzeugungen zu vertreten; in der Möglichkeit der Zuversicht, der Erneuerung, der *metanoia*. Dieses leistet unsere Schule nicht nur nicht, sie *kann* es nicht leisten, ja, sie verhindert es durch ihre Organisationsform, ihr Verfahren und ihren Auftrag: die Köpfe mit haftendem Wissen zu füllen, das morgen schon überholt ist und jedenfalls vom Computer genauer gespeichert wird als vom Menschen.

Zu (2): Auch ihre herkömmlichen Aufgaben erfüllt unsere Schule schlecht – in erschreckendem Maße unökonomisch. Man vergleiche nur das Englisch, das ein deutscher Gymnasiast nach neun Jahren Unterricht spricht, mit dem eines Schülers, gleich welcher Schulart, nach einem Jahr Aufenthalt in den USA oder in England. Was einer in Geschichte, in den Naturwissenschaften, in Mathematik und Latein gelernt hat, weiß er ein halbes Jahr später nicht mehr. Das liegt zum Teil daran, wie wir heute leben: schnell, »medial«, von Eindrücken überwältigt. Es liegt aber auch am Vielerlei der Schulgegenstände und an der Tatsache, daß wir uns dort fast nichts wirklich zu »eigen« machen, daß es dort nie um *unsere* Sache geht. Die »Projektmethode« ist eben auch nur eine Methode – ein Kunstvorgang an Kunststoffen. Die moderne Arbeitsbogen-Didaktik, in der die Individualisierung des Lernens kollektiv vorgetäuscht wird, hat den Kindern auch noch den Spaß am Drama des Klassenlebens genommen. Frage-und-Antwort, Stillsitzen, Warten-bis-man-dran-ist, diese uralten Merkmale der Schule halten sich zäh am Leben wider alle Erkenntnis, die man über die Bedingungen erfolgreichen Lernens hat. Unter den drei Verben, mit denen man das Wort Bildung assoziieren kann: etwas haben bzw. wissen, etwas können bzw. tun, etwas sein bzw. sich einer Sache bewußt sein, verwenden wir noch immer die größte Anstrengung auf das erste und fast keine auf das letzte, auf das es in unserer Zeit am meisten ankäme.

In der neuen, anderen Schule ginge es um Beteiligung an wichtigen Tätigkeiten statt um Belehrung. Eine Gesellschaft, in der man fünfundzwanzig Jahre alt werden muß, um zu erfahren, daß man gebraucht wird, hat keine Chance zu geordnetem Überleben. Und dieses »Gebrauchtwerden« braucht man vor allem in der Kindheit und Jugend! Eine Schule, die sich als *polis* versteht und entsprechend organisiert, könnte diese Erfahrung geben. Die gegenwärtige Schule kann es nicht, auch wenn man sie reformiert, weil und solange sie anders gedacht ist.

Zu (3): Die neue Schule müßte auf die beamteten, ausschließlich theoretisch vorbereiteten Wissensvermittler verzichten und sie durch andere Lehrer und Erzieher ersetzen. Weil unsere Lehrer nicht ausgebildet werden, um junge Menschen in das Leben einzuführen, sondern in ein Schulfach, in die Schulordnungen, in eine Schullaufbahn, und weil ihr Einsatz im geplanten und durchorganisierten Unterricht nicht erlaubt, der Mentor des Telemachos zu sein, vergeudet die Schule ihre beste pädagogische Ressource: die in den Erwachsenen eingegangene, in ihm erprobte, bewährte, angeeignete Lebenserfahrung. An seiner Person kann man ja erkennen, wieviel das Latein, die Musik, der Sport, die Politik einen Menschen prägen und fördern – vorausgesetzt, man erlebt ihn auch als Menschen und Bürger in der Gesellschaft, als Teilhaber im Gespräch, als Mitarbeiter an einem gemeinsamen Werk und nicht nur als Fachlehrer. An ihm kann man auch erkennen, wie oft dies alles gar nichts bewirkt hat. Mit ihm zusammen kann man Aufgaben entdecken und angehen: Man sieht dabei, welche Kenntnis ihm wozu nützt, weshalb sie auch »mir« zu nützen vermag. Da das Fernsehen die Vorstellungswelt der Kinder mit Stoff – Nachrichten, Bildern, Ereignissen, Rätseln, Klischees, Meinungen, Herausforderungen – füllt, wird einer gebraucht, mit dem man das ordnet, enträtselt, entlarvt, in einen Auftrag oder in ein Urteil verwandelt.*

Ein nicht weniger wichtiger Komplex von Anlässen, eine Theorie der Schule für unsere Zeit aufzustellen, wächst aus der tiefen Verunsicherung der Erwachsenen hinsichtlich ihrer eigenen Lebensführung, der allgemeinen politischen und moralischen Weltbewältigung, der Tragfähigkeit der Erziehungs- und Bildungsprinzipien, nach denen sie selber aufgewachsen sind. Belehrung, Vorbild, Autorität sind schwierige Mittel geworden. Christliche Demut, sokratischer Zweifel, Rousseaus und Makarenkos Lernen an der Notwendigkeit – das sind die aussichtsreicheren Paradigmata der Pädagogik heute.

Eine Theorie der Schule – ein Rettungsanker? Nein, sondern

---

* Vgl. Hartmut von Hentig: Vorwort zu David Gribble: Auf der Seite der Kinder. Welche Reform braucht die Schule? Beltz, Weinheim und Basel 1991.

ein Versuch zu verdeutlichen, was nach unserer Reform (denn es ist auch die meine) folgen muß *und kann*, nachdem sie in Maßnahmen, Halbherzigkeit, Widerständen und Widersprüchen steckengeblieben ist. Ihre wichtigen Ideen müssen sich zu einer neuen Figur zusammenfinden und aus dem Streit um Paragraphen, Stundentafeln, Pausenordnungen, Zulassungsbestimmungen, Verteilungspläne, Länderquoten und selbst europäische Mehrheitsmuster herauswachsen. Der Grundgedanke sollte sein: daß wir die Schule zu einem Ort machen, an dem Kinder und Erwachsene ein neues Verhältnis zueinander eingehen; ein Ort, an dem man vornehmlich durch Beteiligung lernt und weniger durch Belehrung; ein Ort, an dem man die Verantwortung für den eigenen Weg als etwas Befriedigendes und Gemeinsinn als etwas auch »mir« Dienliches erfährt; ein Ort, an dem die demokratische *polis* verständlich ist und »meine« Mitwirkung in ihr Folgen hat; ein Ort, an dem »ich« gebraucht werde. Mit solcher Erfahrung ausgestattet könnte der einzelne zuversichtlich in die schwierige Zukunft gehen.

Ludwig Theodor Heuss

»Mädle, Sie müssed in d' Politik«

Schriftliche Quellen finden sich zwar keine, aber man kann sich gut vorstellen, wie es damals, im Herbst 1946, gewesen sein muß. Eine einfache, bürgerliche Wohnung in Stuttgart-Degerloch, eingerichtet mit dunklen, lothringischen Schränken und einem schweren Werkbund-Schreibtisch, umgeben vom dominierenden Stilmerkmal des Hauses: schlichten, die Wände ausfüllenden Bücherregalen, und über allem der schwere Duft würziger Zigarren. In dieser Ambiance ließ sich eine junge Journalistin von den Überzeugungen, vom Wesen und vom Wirken ihrer Gesprächspartner einnehmen.

Dr. Hildegard Brücher, 25 Jahre alt und frisch promovierte Chemikerin, arbeitete damals als wissenschaftliche Redakteurin bei der »Neuen Zeitung« in München. Ihr journalistisches Interesse galt eigentlich einem Bericht über den Neuanfang des Schul- und Hochschulwesens in Nordwürttemberg-Nordbaden. Beim Recherchieren hatte sie, wohl ohne allzu große Mühe, den Stuttgarter Kultminister als Gesprächspartner gewinnen können, der ihr unprätentiös und offen Red' und Antwort stand. Brennend und schwer waren in dieser Zeit des Zusammenbruchs und Neubeginns die Sorgen der Bildungspolitik. Nicht nur die materiellen Schwierigkeiten beim Wiederaufbau des Schul- und Hochschulwesens galt es zu überwinden, viel gewichtiger lastete gerade auf diesem Feld der moralische Druck der schweren Vergangenheit. Gehörte es doch zu den schrecklichen Wahrheiten der nationalsozialistischen Diktatur, daß gerade Akademiker und viele Hochschullehrer von der dumpfen Macht der Ideologie zutiefst korrumpiert waren. In der Wiedergutmachung dieser geistigen, moralischen und pädagogischen Schäden kündigte sich eine bildungspolitische Aufgabe für Jahre, ja Jahrzehnte an.

Von diesen und ähnlichen Fragen mag die Unterredung der beiden gehandelt haben, und bei der Vielfalt an Themen wird die Zeit rasch verstrichen sein. Vielleicht war es auch die Kälte des halbzerstörten Gebäudes der Technischen Hochschule, in dem die Behörde notdürftig untergebracht war (der Minister saß oft den ganzen Tag im Mantel am Schreibtisch), die die beiden aus der Amtsstube vertrieb. Jedenfalls schien dem Minister die junge Journalistin sympathisch und die Unterhaltung so anregend gewesen zu sein, daß er sie zur Fortführung des Gesprächs in seine Wohnung einlud. Hier saßen sie sich nun wieder gegenüber bei Pfefferminztee und Roggenkeksen. Theodor Heuss, hochgewachsen, ausgezehrt von den Entbehrungen der letzten Jahre, das schlohweiße Haar zurückgekämmt, die tiefliegenden Augen gütig und ernst in der Diskussion, mit flackerndem Schalk beim humorigen Bonmot; Elly Heuss-Knapp, seine engagierte Frau, damals ebenfalls Mitglied des ersten Württemberg-Badischen Landtags: Beide mochten mit ihren Schilderungen von der Zeit vor 1933, vom Versagen der demokratischen Parteien und vom Niedergang der Weimarer Republik, mit ihrem unbeirrbaren Einsatz für einen politischen und gesellschaftlichen Neuaufbau des Staates und darüber hinaus ihrem festen Glauben an die Überlegenheit einer von Liberalität geprägten Staats- und Gesellschaftsform einen tiefen Eindruck auf die junge Redakteurin gemacht haben. Gewiß war die im angeregten Gespräch entstandene Sympathie gegenseitig, und der zum Abschied herzhaft ausgerufene Satz »Mädle, Sie müssed in d' Politik« läßt das damalige Beisammensein aus heutiger Sicht zu einem Schlüsselereignis werden. Einem Schlüsselereignis für die weitere Laufbahn der jungen Chemikerin, darüber hinaus aber auch für unsere neuere Demokratiegeschichte.

Was man hier für den Versuch einer politischen Legendenbildung halten könnte, ist nicht nur durch die familiäre Überlieferung belegt, die das Stuttgarter Beisammensein in dieser Form schildert. Auch Hildegard Hamm-Brücher selbst hat den starken Eindruck dieses Tages mit der richtungsweisenden Ermutigung zum politischen Engagement festgehalten:

»Es war das erste Mal, daß ich einen Deutschen leidenschaftlich und konkret von den Möglichkeiten der Wiederbegründung einer demokratischen und freiheitlichen Ordnung sprechen hörte, von der Schuld und Scham, mit denen wir Deutsche noch lange belastet sein würden, und von den harten Konsequenzen, die wir aus unseren gescheiterten Anläufen zur Demokratie ziehen müßten.«

Ich weiß nicht, ob Hildegard Brücher damals einen eigentlichen »Entschluß« faßte, Politikerin zu werden. Wahrscheinlicher scheint es mir, daß sich ihrem wachen Sinn, der die Last der Vergangenheit ebenso wahrnahm wie die Chance des Neubeginns, gar keine Alternative stellte. Fest steht jedenfalls, daß schon kurze Zeit nach der Ermunterung der erste Schritt zu einem Jahrzehnte dauernden öffentlichen Wirken folgte. Mit der Parole »Verjüngt den Stadtrat« zog sie in den Wahlkampf und wurde im Juli 1948 als weitaus jüngste Abgeordnete in den Münchner Stadtrat gewählt. Beschäftigt mit den, wie sie es selber nannte, »ersten Gehversuchen auf dem parlamentarischen Parkett« traf sie Theodor Heuss während des ersten Bundestagswahlkampfes im Sommer 1949 in München wieder. Rückblikkend berichtet sie darüber:

»Ich war sehr aufgeregt vor der Wiederbegegnung: würde sie meinen Entschluß bekräftigen?

Heuss sprach über das im Mai beschlossene neue Grundgesetz und über den bevorstehenden Aufbau der von ihm so getauften ›Bundesrepublik Deutschland‹. Wieder klang das ›Lied von der Freiheit‹ auf, von den Grundrechten des Bürgers und ihrer festen Verankerung im demokratischen Rechtsstaat.

Wieder geriet ich in den Bann seiner Persönlichkeit, seiner Sprache, seiner Bildung, der Überzeugungskraft seiner liberalen Vorstellungen. Wieder faszinierte mich seine Nüchternheit und seine Hingabe an den Aufbau eines besseren, eines vom Nazismus und dessen Ursachen befreiten Deutschlands. Und bei ihm störte mich erstaunlicherweise nicht einmal sein nationales Pathos, denn es war frei von

Überheblichkeit, von romantischer Verklärung, Weißwascherei oder Geschichtsklitterung. Vielmehr war es unerbittlich an der geschichtlichen Last, Schuld und Scham der Deutschen orientiert. Diese Haltung war es, die mich (und sicher viele andere) damals zu überzeugten ›Freien Demokraten‹ machte.«

Auch während der Amtszeit des ersten Bundespräsidenten blieb, trotz seltenen Gelegenheiten zu einem längeren Gespräch, die Anteilnahme am persönlichen Werdegang bestehen. Zur Chronologie gehört noch eine Begebenheit, bei der Theodor Heuss, sechzehn Jahre nach der ersten Begegnung, sehr direkt Einfluß auf den politischen Werdegang von Hildegard Hamm-Brücher nahm. Das war im Jahr 1962, als die FDP vor allem in Oberbayern von einem üblen Rechtsruck und zunehmender Dominanz unverbesserlicher Altnazis heimgesucht wurde. Auf einer manipulierten Delegiertenversammlung wurden die beiden einzigen FDP-Abgeordneten aus Oberbayern, der ehemalige Minister Otto Bezold und Hildegard Hamm-Brücher, für die bevorstehenden Landtagswahlen auf aussichtslose Listenplätze verwiesen. Einer prominenten Wählerinitiative, die sich für die Wiederwahl von Hildegard Hamm-Brücher einsetzte, schrieb Heuss einen Brief, dessen Veröffentlichung zum, aufgrund der Besonderheiten des bayerischen Wahlrechts möglichen, rauschenden Wahlsieg beigetragen haben mochte. In diesem Brief hieß es:

»Meine Stellungnahme beruht auf der Wertschätzung von Frau Dr. Hamm-Brücher, ihrer inneren Freiheit und Unabhängigkeit, ihrer Sachkunde und Hilfswilligkeit.

Es darf nicht vergessen werden, was ein paar Menschen – ich denke dabei auch an Otto Bezold – nach 1945 auf sich genommen haben, um dem demokratisch-freiheitlichen Gedanken in diesem seelisch zerstörten Volk wieder eine Chance zu geben. Der Undank darf nicht die Gesinnungsform der Deutschen werden.

Alle persönlichen Begegnungen mit Frau Dr. Hamm-Brücher haben bei mir den Eindruck einer Frau hinterlassen, die ihrer öffentlichen Pflicht mit innerer Freiheit zu genügen bemüht blieb und ihr zu genügen verstand.«

Die Bedeutung, die diese öffentliche Stellungnahme für Hildegard Hamm-Brücher selber gehabt hat, beschreibt sie mit den Worten:

> »Dieser Brief wurde für mich zu einem politischen Schlüsselerlebnis, denn er enthält alles, was jeder junge demokratische Politiker zur Ermutigung braucht, wenn er sich zur Politik als Beruf entscheidet. Ein Vorbild nämlich und die Überzeugung, daß es sich, allen Widrigkeiten zum Trotz, lohnt, für die äußere Freiheit zu kämpfen und sich dabei die innere Freiheit nicht rauben zu lassen.«

Es wäre zweifellos eine unerlaubte und banale Vereinfachung, die Begegnungen mit Theodor Heuss in ihrer Auswirkung zu überschätzen. Doch das Bild vom politischen Ziehvater und seiner Elevin wurde von Hildegard Hamm-Brücher wiederholt selbst benutzt, und es steht außer Zweifel, daß sie von ihm (wie auch von Elly Heuss-Knapp) wesentliche Impulse zur inhaltlichen und zur formalen Natur politischen Handelns empfangen hat, daß sie in mancher Hinsicht zur Bewahrerin seines politischen Vermächtnisses wurde. Es steht uns nicht zu, eine grundsätzliche Analyse dieses Einflusses vorzunehmen oder konkrete Auswirkungen auf politische Vorgänge zu untersuchen. Diese Zeilen wollen auch nichts anderes, als einige persönliche Assoziationen zum Ausdruck bringen, und sind weit entfernt vom Anspruch auf Vollständigkeit und wissenschaftliche Objektivität.

Die Demokratie als Lebensform zu erfahren, zu »erleben«, dazu hatte Theodor Heuss seine Mitbürger zeitlebens aufgerufen und darüber geklagt, daß aus der Geschichte mißglückter Freiheitskämpfe den Deutschen bis in unsere Tage hinein die »Angst vor dem Atem der Freiheit« geblieben sei.

Dieses Wort fiel bei einer so genuin liberalen Persönlichkeit, wie Hildegard Hamm-Brücher es ist, auf fruchtbaren Boden; gleichzeitig damit aber kam die Erkenntnis, daß die Freiheit auch in der demokratischen Gesellschaftsform kein selbstverständliches, sondern ein zerbrechliches, gefährdetes und häufig erst zu erkämpfendes Gut darstellt. Der Einsatz für gelebte Demokratie, der Kampf um Freiräume, um Rechte und gegen Obrigkeitsdenken: Das hat Hildegard Hamm-Brücher seit ihrer Zeit als Stadträtin und Landtagsabgeordnete ausgezeichnet. Ähnlich wie bei Theodor Heuss lag ihr besonderes Augenmerk dabei auf der Kultur- und Bildungspolitik. Seine Forderung, daß die Selbstverständlichkeit demokratischen Handelns und die Kenntnis der Kerngedanken des Grundgesetzes diesmal fest im Bewußtsein des deutschen Volkes – vor allem seiner jungen Bürger – verankert werden müsse, wurde ihr zur leitenden Maxime. Sei es die Chancengleichheit im Bildungswesen, die Lehrerausbildung, die Gleichberechtigung der Frau oder so etwas scheinbar Profanes wie das lange und letztlich erfolgreiche Streiten gegen die reine Konfessionsschule in Bayern: Immer war ihr Kampf gerichtet »gegen die Unfreiheit in der demokratischen Gesellschaft«, galt ihr Einsatz der Erziehung zur Demokratie. Wer ihre Standfestigkeit, ihren klaren, analytisch geschulten Verstand kennt, dem kann es nur folgerichtig erscheinen, daß sich dem Ringen um die äußeren Freiheiten dasjenige um die innere Freiheit, die Entscheidungs- und Gewissensfreiheit des Abgeordneten anschließen muß. Auch in diesen Bemühungen um eine Reform des Parlamentsbetriebes, die sie in einer »Streitschrift für mehr Freiheit« vertritt, steht Hildegard Hamm-Brücher in den besten Fußstapfen Heuss'scher Tradition.

In dem Bekenntnis zur schonungslosen offenen Auseinandersetzung mit der deutschen Vergangenheit bestand ein weiteres Feld tiefer gegenseitiger Übereinstimmung. In den ersten Nachkriegstagen hatte Heuss unmißverständlich formuliert:

> »Die geistige Auseinandersetzung mit den Nationalsozialisten und den Folgen ihrer Untaten muß von den Deutschen selber getragen werden, und nicht von Emigranten, sondern von solchen, die unmittelbar die Nähe des Lebens gespürt hatten. Wir müssen jetzt schon den Kampf gegen eine irgend einmal aufwuchernde Hitler-Legende vorbereiten.«

Beständig hat er, auch als Bundespräsident, gegen die Sünde des Wegsehens und gegen den Mißbrauch der Gnade des Vergessenkönnens gekämpft. Bei der Einweihung des Mahnmals in Bergen-Belsen sagte er:

> »Wer hier als Deutscher spricht, muß sich die innere Freiheit zutrauen, die volle Grausamkeit der Verbrechen, die hier von Deutschen begangen wurden, zu erkennen. Wer sie beschönigen oder bagatellisieren wollte oder gar mit der Berufung auf den irregegangenen Gebrauch der sogenannten ›Staatsraison‹ begründen wollte, der würde nur frech sein.«

Und an anderer Stelle widerspricht er all denjenigen, die sich gerne mit der Unkenntnis der Greueltaten herausreden, und formuliert unmißverständlich: »Wir haben von den Dingen gewußt.« In der Zeit zunehmenden materiellen Wohlstands und bewußten oder unbewußten Verdrängens und Vertuschens blieb er dabei von Kritik nicht verschont, auch solcher, die aus den Reihen der eigenen Partei kam. Es gehört vielleicht zu der unmittelbarsten Fortsetzung seines politischen Vermächtnisses, daß auch Hildegard Hamm-Brücher im Gegensatz zu vielen, die verstummten, sich nicht zurückhielt. Geprägt vom persönlichen Erleben des studentischen Widerstandes, des moralischen Aufschreis der Gruppe um die Geschwister Scholl, zieht sich ihr unbeirrbares Engagement vom Kampf gegen den rechtsradikalen Einfluß in der eigenen Partei zu Beginn der sechziger Jahre, über die Kontroverse um den vorbelasteten ehemaligen bayerischen Kultusminister Maunz (an deren Ende sein unfreiwilliger Rücktritt stand), bis zum entschiedenen Eintreten gegen die Verjährung von Nazi-Verbrechen. In ungezählten Reden und Aufsätzen wird immer wieder die persönliche Erschütterung und der tiefe Ernst ob der unfaßbaren Tatsache des grausamen Geschehens spürbar. In ihrer starken moralischen Orientierung, in ihrem Bekenntnis, sie habe Mut zur Politik, weil sie die Menschen liebe, gewinnt das öffentliche Handeln bei Hildegard Hamm-Brücher eine wahrhaft christliche Dimension. Wie nahe sie auch damit der Heuss'schen Position kommt, mag in dem

Zitat zum Ausdruck kommen, das seinen 1949 vor der Gesellschaft christlich-jüdischer Zusammenarbeit gehaltenen Vortrag beendet und das in Erinnerung des obigen Zitates wie ein Wortspiel klingt:

> »Mut zur Liebe? Bedarf es dessen? Ja! Der Haß folgt der Trägheit des Herzens; er ist billig und bequem. Die Liebe ist immer ein Wagnis. Aber nur im Wagen wird gewonnen.«

Spontaneität, Offenheit und menschlich empfundene Herzlichkeit zeichnen den persönlichen Umgang mit Hildegard Hamm-Brücher aus. Nie vergißt sie, daß es, auch im öffentlichen Dasein über das Verfechten von Partikularinteressen hinaus, der persönliche und direkte Umgang ist, der den Stil und die Kultur gesellschaftlichen Wirkens ausmachen. Die unmittelbare Begegnung, das Interesse am Menschen um seiner selbst willen hat für sie Priorität. Hierzu gehört auch ein seltener Charakterzug, den sich Hildegard Hamm-Brücher in der heutigen Zeit bewahrt hat – es mag fast altmodisch klingen –: die Treue. So blieb sie auch nach dem Tode von Elly und Theodor Heuss unserer Familie über nunmehr drei Generationen hinweg aufs engste freundschaftlich zugetan, und eine nahe Verbindung bestand ebenfalls zu Toni Stolper, der Witwe des liberalen Ökonomen und Naumann-Anhängers Gustav Stolper und Heuss' Vertrauten in späten Lebensjahren. Diese hat mir noch vor wenigen Jahren, als sie in ihrem 95. Lebensjahr stand, in einem Gespräch, das ich aufzeichnete, anvertraut, wie sehr sie diese späte, aber sehr schöne Freundschaft zu Hildegard Hamm-Brücher beglückt. Schlicht hat sie sie in der ihr eigenen Art charakterisiert: »Sie ist eine prachtvolle Frau, und viel zu wertvoll«, als daß man zulassen dürfe, »daß sie in der Folge innerparteilicher Streitigkeiten aufgerieben wird«. Hildegard Hamm-Brücher hat auch hier bewiesen, daß sie es mit Liberalität und Treue ernst meint. Nicht nur Menschen und einer Gesinnung hat sie die Treue bewahrt, sie ist auch sich selber treu geblieben. Ihre Eigenständigkeit hat sie sich, auch auf die Gefahr von politischer Isolierung und Machtverlust hin, nie nehmen lassen. Das Vertrauen und Ansehen, das sie sich mit dieser Haltung über die Grenzen der Bundesrepublik hinaus erworben hat, ist enorm. Es ist auch ein Vertrauen darauf, daß die Verbindung von Politik und persönlicher, von ethischen Maximen geleiteter Integrität möglich ist – womit Hildegard Hamm-Brücher selbst für viele einer nächsten Generation ein Vorbild ist.

Diese Gedankenfolge wäre unvollständig, bliebe der Anstoß von Hildegard Hamm-Brücher zur Schaffung der Theodor-Heuss-Stiftung und des Theodor-Heuss-Preises unerwähnt. Wiederum waren es ihre natürliche Spontaneität und ihre Sensibilität für das politisch Sinnvolle, war es ein Ausdruck ihres Wunsches, der Denkart, aber auch dem Andenken eines Menschen die Treue zu halten, die der Gründung dieser Stiftung, nur wenige Wochen nach dem Tode des ersten Bundespräsidenten, Pate standen. In dem Bestreben, das Wirken von Theodor Heuss, »der durch sein Leben und Werk allen Mitbürgern ein Beispiel demokratischer und liberaler Gesinnung gegeben hat, weiteren Kreisen zum Maßstab und als Ansporn des Handelns zu setzen«, hat sich der Verein zum Ziel genommen, »vorbildlich demokratisches Verhalten, bemerkenswerte Zivilcourage und beispielhaften Einsatz für das Allgemeinwohl zu fördern und anzuregen«. In dieser Initiative, die den mündigen Bürger zum tätigen Gebrauch der Freiheit ermuntert, die der indifferenten rezeptiven Anspruchshaltung das bewußte Engagement zur ständig neuen Bejahung unserer Staatsform entgegensetzt, in dieser Initiative lebt jedoch nicht nur das Andenken und politische Vermächtnis von Theodor Heuss fort, es entstand darüber hinaus auch ein wertvolles Element zur Formung demokratischen Stils in Deutschland. Der tiefere Wunsch ist es dabei, einen Beitrag zu leisten, um die neue, in ihren Fundamenten noch nicht gesicherte Demokratie im Bewußtsein und im Vertrauen der Bürger zu festigen. Dies in Erinnerung an ein Wort von Heuss, »daß eine Verfassung keine Gesinnung produzieren kann, daß es aber eben auf diese Gesinnung ankommt«.

Nach nunmehr über 25 Jahren liest sich die Chronik dieser Stiftung wie ein demokratiegeschichtliches Lesebuch. Die verschiedenen Motti, unter denen die einzelnen Veranstaltungen standen, und die Inhalte der Reden anläßlich der Preisverleihungen spiegeln die politischen und gesellschaftlichen Stimmungen und Herausforderungen der jungen Demokratie wider. So fiel die Gründung der Stiftung in eine Zeit, in der zum erstenmal in breiteren, vor allem jüngeren Bevölkerungskreisen laut über die Verwurzelung und Stabilität der demokratischen Grundlagen in unserer Gesellschaft nachgedacht wurde. Entsprechendes klang in den Themen der ersten Verleihungen an: »Vom rechten Gebrauch der Freiheit«, »Demokratie glaubwürdig machen«, oder die Frage: »Konflikte – Ende oder Anfang der Demokratie?« Wie wichtig das Stellen solcher Fragen und wie drängend die angeschnittenen Themen waren, machten öffentliche Reaktionen deutlich. Nicht nur in den ersten Jahren des saturierten Wirtschaftswunderwohlstands wurden solche Fragen und die Auswahl bestimmter Preisträger von gewissen Kreisen des politischen Establishments als offene Provokation empfunden. Gleiches galt auch für die beharrliche Auseinandersetzung mit den Folgen des Nationalsozialismus, die von der Stiftung über die Jahre hinweg immer wieder thematisiert wurde. So erhielt beispielsweise die »Aktion Sühnezeichen« den ersten Theodor-Heuss-Preis, spätere Auszeichnungen gingen unter anderem an einen Bamberger Jugendring, der den grausam geschändeten jüdischen Friedhof wieder aufgebaut hatte, an einen Helferkreis zur Betreuung ausländischer Zeugen bei KZ-Prozessen sowie an die Gesellschaft für christlich-jüdische Zusammenarbeit.

War es im ersten Jahrzehnt der »lange Weg vom Untertan zum mündigen Bürger«, der sich in den Themen und Auszeichnungen artikulierte, traten in den siebziger Jahren Bürgerbewegungen und -initiativen vermehrt ins Blickfeld der Öffentlichkeit. Als Beispiele seien hierfür eine Initiativgruppe zur Betreuung ausländischer Kinder, Aktionsgemeinschaften zur Wiedereingliederung jugendlicher Straffälliger, oder auch zur Mitsprache bei Stadtplanung und -sanierung genannt. Zugleich manifestierten sich in diesem Zeitraum auch neue Ängste und Bedrohungen. Angesichts des menschenverachtenden Terrorismus erhob sich bei der Preisverleihung 1978 an Helmut Schmidt die Frage nach der »Verteidigung der Freiheit«, und im gleichen Jahr organisierte die Stiftung eine vielbeachtete Tagung, an der die höchsten Instanzen des Staates: Bundespräsident, Bundeskanzler, der Präsident des Bundestages und der Präsident des Bundesverfassungsgerichtes ihre Gedanken zur »Zukunft unserer Demokratie« im direkten Gespräch mit Bürgern darlegten.

In der Stiftungsarbeit der achtziger Jahre traten neben politischen überwiegend gesellschaftliche Themen in den Vordergrund wie Arbeitslosigkeit, Fremdenfeindlichkeit, Friedenspolitik und mit ihr die Frage nach der Verantwortung für den Nächsten, für Natur und Schöpfung.

Ohne den unermüdlichen und scheinbar unerschöpflichen Einsatz von Hildegard Hamm-Brücher, die seit den Gründungstagen als Vorsitzende die Geschicke des Vereins leitet, hätte der Theodor-Heuss-Preis nie seine Ausstrahlung und Substanz gewinnen können. Strikte parteipolitische und materielle Unabhängigkeit gewährleisten es, daß die Stifungsgremien ihre Wahl in dialektischer, häufig durchaus kontroverser Diskussion, aber stets in voller Freiheit treffen. Es ist eine eindrückliche Gemeinschaft von Menschen, die Hildegard Hamm-Brücher in den vielen Jahren um die Theodor-Heuss-Stiftung vereinigen konnte. Zu den Gründungsmitgliedern gehörten Otto Hahn, Georg Hohmann, Carl Zuckmayer, die Nobelpreisträger Adolf Butenandt und Werner Heisenberg, und seit Jahren begleiten Persönlichkeiten wie Carl Friedrich von Weizsäcker, Manfred Rommel, Hans-Jochen Vogel, Kurt Sontheimer und Hartmut von Hentig, um nur einige zu nennen, die Geschicke des Vereins. Auch die von Jahr zu Jahr wachsende Gruppe der Preisträger und Medaillenempfänger zeigt ein buntes, lebendiges Bild. Günter Grass gehört ebenso dazu wie Hans-Dietrich Genscher, Horst Eberhard Richter ebenso wie der in Berlin lebende Tischler Izzetin Karanlik oder der Betreuer ausländischer Besuchergruppen im ehemaligen Konzentrationslager Auschwitz, Tadeusz Szymanski. Die Verleihung des Preises soll Bestärkung bedeuten und Ermutigung zu demokratischem Engagement auch gegen Widerstände. Nie versteht sie sich als Auszeichnung für politische Popularität; daß drei der ehemaligen Preisträger, nämlich Gustav Heinemann, Walter Scheel und Richard von Weizsäcker später in das Amt des Bundespräsidenten berufen wurden, ist hierzu kein Widerspruch, sondern Bestätigung.

»Die Frage des deutschen Geschichtsbildes steht als schwerste Aufgabe im Geistigen und Politischen vor uns. Sie ist nicht dadurch zu lösen, daß man eine Reinigungsanstalt herbeiholt und die braune Farbe abputzen läßt, um eine andere Farbe aus bereitgestellten Kübeln aufzuschmieren, sondern die Forderung ist die, daß wir in den Raum der Wissenschaft wieder die zweckentbundene Wahrheit hereinführen und uns dazu bekennen, daß die wissenschaftlichen Fragen frei sein müssen.

Denn nur von dort aus bekommen wir die innere Kraft und Sicherheit zu dem wichtigsten Gespräch unserer Zeit, zu dem Gespräch mit der deutschen Jugend. Diese Unterhaltung mit den deutschen jungen Menschen ist vielleicht für das deutsche Schicksal der Zukunft entscheidend.«

Im Jahr 1946, in dem Theodor Heuss diese Worte in seiner ersten großen Rundfunkrede sprach, war Hildegard Hamm-Brücher ein Teil der deutschen Jugend. Sie hat damals das Gespräch gesucht und die schicksalhafte Herausforderung der Zukunft angenommen. Sie blieb später in ihrem politischen Handeln, das stets auch ein Spurenelement pädagogischen Wirkens in sich barg, immer bemüht, auch selbst den Dialog mit einer neuen Jugend zu suchen. Wir möchten ihr nun, wo sie sich aus der aktiven Politik zurückziehen möchte, wünschen, daß sie noch viel Zeit und Kraft finden möge, um gerade dieses Gespräch weiter fortzusetzen.

Gerda Koepff

Brief einer Freundin

Liebe Hildegard,

als man mich bat, für die Festschrift zu Deinem 70. Geburtstag einen Beitrag zu schreiben, bin ich doch ziemlich erschrokken. Schreiben ist ja nicht mein Metier. Wie schreibt man über einen Menschen, der Teil eines langen Lebens ist – in durch Jahre vertiefter Freundschaft –, der zugleich aber zu den herausragenden Persönlichkeiten dieses Landes gehört?

Sehr bald wurde mir klar, daß mein Beitrag nur sehr persönlich – auch subjektiv – sein kann, daß ich aber den Menschen H. H.-B. und die Politikerin in meinen Gedanken nicht trennen möchte. Ich kann und werde keine Würdigung schreiben, das werden Politiker und Wissenschaftler tun, darum auch die persönliche Form dieses Briefes an Dich. Nachdenken über H. H.-B., das soll mein Beitrag sein, von der Schulzeit bis heute.

Wir sind beide in einem Alter, in dem Erinnerungen an Bedeutung gewinnen. Im Erinnern möchte ich versuchen, den Menschen, den ich kenne, zu verbinden mit der Politikerin, die die Öffentlichkeit kennt: Motivationen, die sich aus der Biographie ableiten lassen, hervorstechende Eigenschaften, die schon in der jungen Hildegard angelegt waren, aufzeigen. Aber da gibt es für die Freundin auch Fragen. Wie vertragen sich Fähigkeiten, die für eine erfolgreiche Politik unverzichtbar sind, mit dem Wesen und Charakter dieses Menschen? Wie verträgt sich die »streitbare« Politikerin mit dem einfühlsamen, sensiblen Menschen unserer Freundschaft, wie vor allem mancher Kompromiß, den Du schließen mußtest, mit Deiner Gradlinigkeit und Entschiedenheit? – Indem ich die Stationen unserer Freundschaft, beginnend mit der Salemer Schulzeit, beschreibe, will ich versuchen, auf diese Fragen annähernde Antworten zu geben.

Als Du nach Salem kamst, warst Du ungefähr 16 Jahre alt. Deine Eltern waren bald hintereinander gestorben, von Deinen vier Geschwistern kamen die zwei jüngeren ebenfalls auf Salemer Schulen. Salem war – mit Duldung und Billigung eines Ministerialrates im Kultusministerium in Karlsruhe, der Träger des goldenen Parteiabzeichens der NSDAP war! – eine Schule, der es gestattet war, sogenannte »nichtarische Schüler« aufzunehmen. Wir, die »Arischen«, haben uns wenig Gedanken gemacht über Unterschiede, aber auch nicht über Euer belastetes Schicksal. Unsere gedankenlose Unbefangenheit schuf eine Normalität, die sicher das beste war für Deine Entwicklung. Später sagtest Du mir einmal, Du habest Dich beschützt gefühlt; ich weiß nicht, ob wir Dich und die anderen »beschützt« haben, wir haben Euch genommen wie alle anderen Mitschüler. Du warst schnell akzeptiert, hattest bald Freunde, warst sehr sportlich und – für alle zu merken – sehr gescheit! Es kann nicht anders sein, es hat für Dich auch in Salem sicher viele dunkle Stunden gegeben, merken konnten wir es nicht; Du hast es nie gezeigt. Die Behörden erlaubten Dir nicht, in Salem den Schulabschluß zu machen, Du mußtest Dein Abitur in Konstanz ablegen.

Ich erinnere nicht viele Einzelheiten aus unserer Salemer Zeit, wir waren eine Weile gemeinsam im Zimmer, wir mochten uns, aber ich glaube, Freunde waren wir damals noch nicht.

Es gibt aber etwas, was mir damals als etwas Besonderes, fast ein bißchen Absonderliches auffiel, woran ich dann später oft gedacht habe. Wir bekamen Semesterarbeiten und konnten unsere Themen selbst vorschlagen. Man wählte meistens ein Thema, das einem »lag«. Du dagegen wähltest ein Thema aus dem Ersten Weltkrieg, in dem die Marneschlacht besonders behandelt wurde. Ich fand das ziemlich verrückt, denn es war ja klar, daß dies kein Thema war, das Deinen Neigungen entsprach. Schon damals hatte ich das Gefühl, daß Du die geistige Herausforderung suchtest, daß Du es Dir igendwie nicht, wie wir, leicht machen wolltest. Später habe ich oft an die Marneschlacht von Hildegard gedacht, wenn Du Dich an sperrige Themen und Aufgaben machtest, denen andere lieber aus dem Weg gehen. Dein ganzes Leben hast Du Dich den Herausforderungen gestellt, sie vielleicht sogar gesucht.

Hat die relativ kurze Zeit in Salem Dich für später sichtbar geprägt? Die Erziehung zu auf das Gemeinwohl gerichtetem selbständigem verantwortlichem Handeln, Selbstkontrolle und Haltung, dazu – nach Kurt Hahn –, »für das als richtig Erkannte einzutreten und es durchzusetzen« – das alles sind erkennbare Maßstäbe in Deinem Handeln, aber sicher nicht nur durch Salem!

Wir trafen uns zum Studium in München wieder. Du studiertest Chemie bei Professor Wieland, durch dessen Schutz es gelang, daß Du trotz großer Schwierigkeiten das Studium abschließen konntest. Wir sahen uns nicht oft. Die Situation wurde für Dich und Deine Familie immer bedrohlicher. Bei einem Treffen in der Mensa erzähltest Du mir, daß sich Deine geliebte Großmutter, die nach dem Tod der Eltern für Euch Kinder so wichtig geworden war, am Tage vor ihrer Deportation das Leben genommen habe. Deine Tochter Verena trägt auch ihren Namen, Miriam. Einer Deiner Brüder kam in ein Arbeitslager, Du versuchtest unter großer Mühe und Gefahr, Lebensmittel und das Nötigste zu ihm zu bringen. Dann trafen Dich selbst neue Schikanen; Du mußtest morgens schon Stunden vor Beginn der Laborzeit schwere körperliche Arbeit leisten, wenn ich es richtig erinnere, im Straßenbahndepot. Das hat Dir eine schwere, langwierige Krankheit eingebracht. Von Deiner Verbindung zu Mitgliedern der »Weißen Rose« wußte ich damals nichts. Ich saß nichtsahnend neben einigen von ihnen in der Ästhetik-Vorlesung von Professor Kurt Huber. Es gärte damals deutlich an der Münchner Universität, Professoren verschwanden, erste Proteste rührten sich z. B. bei den Medizinstudentinnen. Wir wußten, daß man sich vor dem Hausmeister, der die Seminarschlüssel verteilte, hüten mußte, weil er ein Spitzel war.

Ob Du schon damals über eine »Zeit danach« nachgedacht hast, vielleicht mit Freunden von der »Weißen Rose«, weiß ich nicht. In dieser Zeit aber liegt die Wurzel Deines politischen Handelns: »nie wieder« – nie wieder Diktatur und Denunziation und Demütigung. Wie ein neuer Staat aussehen könnte, hast Du damals schon darüber nachgedacht? In dieser Zeit wußte man eher, was nie mehr sein darf, weniger, wie etwas Neues, Besseres aussehen könnte.

Als der Krieg zu Ende war, galt Deine Sorge den Geschwistern, denen Du ein Zuhause bieten wolltest und vor allem die Möglichkeit zum Schul- und Studienabschluß. Du warst promovierte Chemikerin und gingst auf Stellensuche. Ein Zufall brachte Dich in Kontakt zu Mitarbeitern der »Neuen Zeitung«; über den Journalismus war der erste Schritt in die Politik getan. Vom Münchner Stadtrat in den Bayerischen Landtag und weiter; Du wurdest ein Teil des öffentlichen Lebens.

In den weiteren Jahren haben wir uns oft nur in großen Abständen gesehen, aber immer voneinander gewußt und Anteil aneinander genommen. Wenn wir uns sahen, waren wir uns sofort nahe, in vielen Gesprächen, in denen fast immer auch die Politik eine Rolle spielte.

Wieviel mehr kann ich über die Politikerin sagen, weil wir uns so lange kennen, weil wir Freunde sind? Die Erfahrung der Verfolgung und Diffamierung aus der Nazizeit ist die Basis für Dein politisches Handeln.

»Nie wieder« hieß für Dich sehr bald die Entscheidung für Deinen Einsatz in der Erziehungs- und Bildungspolitik. Dein aufreibender Kampf im Bayerischen Landtag für die Gemeinschaftsschule und gegen die konfessionelle Lehrerbildung bis zum Volksbegehren, später in der hessischen Bildungsreform Dein Engagement für Chancengleichheit und den erweiterten Zugang zu den Universitäten auch für Arbeiterkinder waren wesentliche Schritte Deiner Bemühung, über das Angebot an Schul- und Bildungsmöglichkeiten durch die jeweils junge Generation die Demokratie zu festigen. Der wache, kritische und dabei verantwortungsbewußte junge Mensch, der seine Umgebung und das politische Geschehen wahrnimmt, der erzogen wird, ein lebendiges Teil und nicht nur »ein Rädchen« seines Gemeinwesens zu sein, dies scheint mir schon sehr früh das Ziel Deiner politischen Bestrebungen gewesen zu sein, das Du mit großer Leidenschaft bis heute verfolgst. »Schule der Demokratie« heißt das Förderprogramm für politische Bildung an Schulen, das auf Deine Initiative zurückgeht und dem Du Dich jetzt besonders widmest. In den letzten Jahren hast Du Dich auch wieder unserer alten Schule Salem zugewandt, deren Strukturen den jungen Menschen die Möglichkeit der Einübung demokratischen Handelns auf verschiedenen Ebenen einräumen.

»Nie wieder« heißt für Dich: der mündige Bürger, der die Gefahren für die Demokratie rechtzeitg wahrnimmt und ihnen entgegentritt.

Aus dem Protokoll des Bundesparteitages der F.D.P. vom März 1965: »Mit der Freiheit ist es letztlich wie mit der Religion: Der Mensch, der sich zu ihr bekennt, muß sich darin bewähren: im Beruf und in den eigenen vier Wänden, als Mitmensch und als einzelner, im Überfluß und in Entbehrungen, bei Geboten und Verboten – sonst war alles Phrase.«

Du mußtest auf diesem Weg durch viele Höhen und Tiefen, und sicher befriedigt Dich das heutige Bildungswesen unter diesem Gesichtspunkt noch gar nicht. Das unerschütterliche Durchhalten für ein Ziel, das konnte ich schon an der jungen Hildegard bemerken, und manchmal müssen eben nicht nur »dicke Bretter«, sondern dicke Balken durchbohrt werden. Aber wenn Du heute zurückschaust, wo Du 1950 begonnen hast, dann kannst Du doch sagen, daß Du Dich nicht umsonst geplagt hast.

Ich sehe auch Deine Bemühungen um eine Parlamentsreform im Zusammenhang mit Deinen Vorstellungen für Bildungspolitik: der mündige Bürger als mündiger Abgeordneter, der seine ihm von der Verfassung gegebenen Rechte wahrnimmt. Für die gläubige Protestantin ist die Frage nach der Gewissensverantwortung des Politikers von tiefer Bedeutung, wie sie sich für viele gar nicht mehr stellt. Sei es, daß ein religiöser Bezug nicht mehr besteht, sei es, daß man politisches Handeln von Gewissensentscheidungen abspaltet. Die Einschränkung und Entwertung der Gewissensfreiheit durch Rituale und Praktiken des Parlamentarismus, wie den Fraktionszwang, sind Abstriche an der Unabhängigkeit des Parlamentariers, die für Dich wichtiger ist als eine nach außen dargestellte formale Geschlossenheit der Fraktion.

In einer repräsentativen Demokratie birgt die Verkürzung der Rechte des Volksvertreters die Gefahr einer Verfälschung des Wählerwillens in sich. Die Verantwortung des Abgeordneten gegenüber seinen Wählern nimmst Du sehr ernst.

Du hast immer wieder Schranken durchbrochen und bist eigene Wege gegangen. Du bist für Deine Partei in entscheidenden

Augenblicken ein loyales und einsatzbereites Mitglied gewesen, manchmal bis an die Grenze dessen, was sich mit Deiner inneren Unabhängigkeit verträgt. Du bist sicher immer unbequem und »streitbar«. Dieses Etikett hängt Dir schon lange an, aber heißt das denn, daß man streitsüchtig ist? Heißt es nicht eher, daß man zu streiten weiß, emotional und sachlich, mit vollem Einsatz des Temperaments. Streiten, um sich einzumischen, aus Verantwortung. Falsches auch so zu nennen und nicht einfach hinzunehmen. Du schreibst einmal: »Kontroversen gehören zur Tagesordnung meiner parlamentarischen Tätigkeit«. Mit welchen Mitteln streitet man, kämpft man? Es gibt keine Frage, Du kannst Deine Forderungen durchsetzen, mit Härte, mit großer Geduld und Ausdauer, mit überlegter Taktik, wahrscheinlich auch über Umwege des Einlenkens. Ich glaube aber, daß es für Dich Grenzen in der Auseinandersetzung gibt, ich kann Dich nicht in intrigenreichen Machtkämpfen sehen. Fairneß ist für Dich auch in der Politik ein Maßstab. Du bist kein Mensch für Tricks und Finessen, eher manchmal undiplomatisch ehrlich. Und Du kannst nachgeben und Dich aussöhnen. Du wirst wahrscheinlich Macht suchen, wo sie zum Erreichen eines Zieles notwendig ist, aber strebst Du Macht an sich an? Ich sehe es nicht.

Vielleicht kann man sich fragen: Warum hast Du nicht Frauenpolitik, sondern Bildungspolitik gemacht? Hier sehe ich den deutlichen Hinweis aus Deinen Erfahrungen aus der Zeit der Unterdrückung. Du wolltest eine neue Generation zur freiheitlichen Demokratie bilden, junge Frauen *und* Männer. Frauenpolitik wäre Dir in diesem Sinne wahrscheinlich zu wenig gewesen. Das heißt natürlich nicht, daß Du Dich nicht immer wieder besonders für die Rechte von Frauen eingesetzt hast, für ihre Chancengleichheit in Bildung und Beruf, für ihren eigenständigen Einsatz in der Politik. Eine Feministin bist Du nicht. Aber Du machst sehr bewußt Politik als Frau, warst immer, früher in übler Weise, heute sicher in milderen Formen, typischen Angriffen von männlichen Politikern ausgesetzt. Du suchst den Konsens mit Frauen auch über Parteigrenzen hinweg, wenn Du gleiche Interessen siehst. Du sagtest mir einmal, daß Deine Mitarbeiter im Auswärtigen Amt Dich als Vorgesetzte deutlich anders empfunden haben als einen männlichen Chef. Wo Du Distanz halten mußt, schaffst Du keinen Graben; vielleicht ist spürbar, daß Du immer noch ansprechbar bleibst. Wahrscheinlich willst Du auch die Rolle nicht, die die Hierarchie vorgibt.

Du bist keine Feministin, aber feminin. Ein anderes Etikett für Dich ist »die Dame«, in den letzten Jahren manchmal »die große Dame der F.D.P.«. Dame zu sein ist nicht zuerst eine Frage des attraktiven, gepflegten Äußeren, worauf Du immer größten Wert gelegt hast, sondern eine innere Haltung, ein Stil, den man hat und nicht lernen kann. Obwohl die Dame heute kein Leitbild mehr zu sein scheint – in dem Begriff schwingt etwas wie nostalgischer Respekt.

Vieles an Deinem Leben scheint mir eindeutig, Dein politisches Handeln im Einklang mit Deinem Wesen, so wie ich es kenne. Wichtig und interessant wird es, wenn Fragen kommen, wenn scheinbar widersprechende Eigenschaften hervortreten, wenn Mensch und Politikerin nicht so ohne weiteres in Übereinstimmung zu bringen sind.

Welche Fragen dies sind, hängt ja immer von dem jeweils Fragenden ab, so kann ich also nur meine Fragen stellen.

Sie kreisen um die Schwierigkeit, Deine innere Unabhängigkeit zu vereinbaren mit den Kompromissen, die Du für Deine und mit Deiner Partei geschlossen hast. Ich habe mich in manchen Situationen gefragt: »hat sie sich nicht verbiegen müssen«, »hat sie nicht zuviel eingesteckt«? Es ging mir dabei weniger um die Wirkung in der Öffentlichkeit als um Dich. Ich verstehe, wenn man etwas bewirken will, wenn man politisch handeln will, muß man bis zu einem gewissen Grad das Spiel der Parteien mitspielen. Sicher führt das oft zu einer schmerzlichen Reibung zwischen dem eigenen Wesen und der politischen Notwendigkeit, besonders für einen Menschen wie Dich, der hohe Anforderungen an sich selber stellt.

Der F.D.P. gegenüber gibt es für Dich eine Loyalität, die ihre Wurzeln hat in den frühen Jahren, in Deinem Start ins politische Leben, in der prägenden Begegnung mit Persönlichkeiten wie Theodor Heuss und Thomas Dehler u. a. Vielleicht muß man das schon nicht mehr Loyalität, sondern besser Treue nennen; die von äußeren Umständen nicht zerstört werden kann.

Schon bald zu Beginn Deiner politischen Laufbahn hast Du

Dich aus dem Rahmen einer Partei als eigenständige Persönlichkeit herausgehoben. So hattest Du schon früh parteiungebundene Sympathisanten. Gab es nicht einmal eine Bürgerinitiative in München zu Deiner Wiederwahl?

Mit der Wende 1982 hast Du Deinen eigenen Weg begonnen mit einer großen Geste: dem Dank im Parlament an Helmut Schmidt nach dem Ende der sozial-liberalen Koalition. Hier erkennen Deine Freunde die ganze Hildegard, den Menschen und die Politikerin, ihre innere Freiheit und ihre Glaubwürdigkeit gegenüber dem Wähler. Vielleicht empfindet in solchen Augenblicken eine Frau die menschliche Tragik stärker und hat den Mut, »unpolitisch« zu handeln. In der neuen Konstellation der christlich-liberalen Politik war Dein Platz nicht mehr im Vordergrund, gewollt und ungewollt am Rande Deiner Partei. Die Beschäftigung mit den Plänen für eine Parlamentsreform ließ Dich Gleichgesinnte in den anderen Parteien suchen. Du hast Deine Randstellung ins Positive gekehrt, Du bist hinausgewachsen über die Parteienlandschaft. Du bist auch für die Öffentlichkeit H. H.-B., die Politikerin mit einem eigenen Gesicht, mit der der Bürger eine Vorstellung verbinden und sich gegebenenfalls identifizieren kann. Den politischen Spielregeln unterworfen, konntest Du Dich selbst bewahren; darin liegt ein Grund für die Achtung, die man Dir heute entgegenbringt.

Keinen Widerspruch sehe ich zwischen der liberalen Politikerin und der gläubigen, protestantischen Christin. Bei den Kämpfen im Bayerischen Landtag um die Gemeinschaftsschule und gegen eine konfessionelle Lehrerbildung warst Du schweren diffamierenden Angriffen des klerikalen Flügels der CSU ausgesetzt. Du bist keine kirchenfeindliche Liberale. Der Glaube ist ein Fundament Deines Handelns und eine Quelle Deiner Kraft.

Was unterscheidet die junge Hildegard von der Siebzigjährigen? Ich finde, nicht viel. Du bist immer noch aufgeschlossen gegenüber neuen Herausforderungen und Problemstellungen. Du hast noch immer die gleiche Fähigkeit zu leidenschaftlichem Engagement, zu Spontaneität und Freiheit im Umgang mit Menschen. Du bist noch nicht abgeschliffen durch Routine und oft wohltuend unkonventionell. Mir kommen z. B. die Feiern zur Verleihung des Heuss-Preises immer wie ein Familienfest vor, trotz aller Professionalität der Organisation, Du bist dabei die freundliche Gastgeberin, Preisträgern und dem Publikum in einer Weise zugewandt, die dem Ganzen eine besondere Atmosphäre verleiht – ohne Routine eines offiziellen Festaktes.

Vielleicht bist Du ein bißchen altersmilde geworden, abwägender auch durch lange Erfahrung. Aber wenn das richtige Stichwort fällt, dann bist Du dabei mit allem Elan und leider oft ohne Rücksicht auf Dich selbst.

Fällt Dir der Abschied aus der aktiven Politik schwer, warst Du zu lange im Geschirr? Ich weiß, daß Du Pläne hast und neue lohnende Aufgaben suchst, an denen Du, befreit vom Druck und der Hektik des politischen Alltags, mit mehr Ruhe arbeiten willst. Solange Du gesund bist, wirst Du keine Ruheständlerin sein. Auf die eine oder andere Weise wirst Du weiterhin eine Persönlichkeit des öffentlichen Lebens bleiben.

Otto Graf Lambsdorff

Hildegard Hamm-Brücher im Nachkriegsliberalismus

Hildegard Hamm-Brücher hat großen Anteil an Entstehung und Weiterentwicklung einer liberalen demokratischen Kultur in der Bundesrepublik. Selten gibt es politische Persönlichkeiten, die sich der Demokratie und dem Liberalismus so beharrlich verschrieben haben, wie dies Hildegard Hamm-Brücher getan hat. Ungebrochen durchziehen ihr politisches Wirken die Leitlinien für eine liberale, weltoffene und tolerante Gesellschaft und eine lebendige demokratische Ordnung. Diese Ziele hielt sie im politischen Tagesgeschäft hoch und hat sie auch gegen alle politische Opportunität verteidigt. Sie selbst hat einmal ihren beharrlichen Kampf für ihr Verständnis demokratischer Kultur als »Besessenheit« bezeichnet, auf andere wirkte ihr Aufbegehren gegen glatte politische Routine »eigenwillig« – so das Attribut einer Biographie über ihre politische Karriere, von der hier nur einige bemerkenswerte Stationen hervorgehoben werden können.

Fraglos hat sie sich ein unverwechselbares Profil geschaffen und zum Profil der F.D.P. erheblich beigetragen. Innerparteilich hat sie mit ihrer Politik oft Reibungsflächen geboten, und ich habe mich gern daran gerieben, aber trotz aller Unterschiede sind wir immer dem gemeinsamen Ziel einer liberalen Politik für mehr individuelle Freiheit in allen Lebensbereichen verbunden geblieben. Schon seit meiner frühesten Zeit in der F.D.P. kenne und schätze ich Hildegard Hamm-Brücher, die in zahlreichen Gremien und Ämtern den Kurs der Liberalen maßgeblich mitbestimmt hat, angefangen von der bayerischen Kommunal- und Landespolitik, wo sie schon 1947 als F.D.P.-Kandidatin ihr erstes politisches Mandat als Stadträtin erhielt. In der Partei setzte sie sich schon früh über landespolitische Grenzen hinweg. Von 1963 bis 1976 und seit 1984 Mitglied im Bundesvorstand der

F.D.P., von 1972 bis 1976 stellvertretende Bundesvorsitzende und als Staatssekretärin, Staatsministerin, Fraktionsvorsitzende im Bayerischen Landtag, Bundestagsabgeordnete, außenpolitische Sprecherin der Bundestagsfraktion hat sie in Partei- und Regierungsämtern und als Mandatsträgerin liberale Politik und den Weg der Partei deutlich mitgeprägt. Liberalismus, wie er sich nach dem Krieg in Deutschland entwickelt hat und wie er sich heute darstellt, ist auch ein Verdienst von Hildegard Hamm-Brücher. Sie ist eine liberale Persönlichkeit, die hohes Ansehen genießt und deren Urteil auch in der breiten Öffentlichkeit Autorität besitzt.

Dabei hatte sie – Jahrgang 1921 – keine guten Voraussetzungen. Im gleichen Jahre geboren wie Wolfgang Borchert, gehört auch sie jener »betrogenen Generation« an, deren Jugend durch Nationalsozialismus eingezwängt war, durch den Krieg hart getroffen wurde und nie bewußt Demokratie erleben konnte. Liberales Gedankengut war während der nationalsozialistischen Diktatur verfolgt worden und lag in den Trümmern des Zweiten Weltkrieges begraben. Einige Liberale der Weimarer Republik zogen aus dem Desaster der Liberalen Partei nach 1930 die Konsequenz, daß die Zeit des organisierten Liberalismus vorbei sei. Dagegen stand die Mehrheit optimistischer Liberaler, die dafür einstanden, mit einer liberalen Partei dafür zu sorgen, aus dem verlorenen Krieg ein demokratisches Deutschland aufzubauen. Aus dem eigenen Erfahrungshorizont konnte man – in den Zwanzigern geboren – zu jener Zeit wenig wissen über Demokratie. Trotz aller Unsicherheit über die Zukunft Nachkriegsdeutschlands herrschte aber auch ein Gefühl der Hoffnung. Die Jahre des nationalsozialistischen Gesinnungsterrors waren vorüber. Angetrieben von einem »Hunger nach Freiheit«, wie Hildegard Hamm-Brücher es selbst nannte, brach sie optimistisch in eine bessere Zukunft auf. Es war ihr Glück, 1946 auf Theodor Heuss zu treffen, der als überzeugter und überzeugender Liberaler demokratische Ideen an Hildegard Hamm-Brücher weitergab, wo sie mit Herz und Verstand aufgenommen wurden. Die Vision eines freiheitlichen, demokratischen Deutschlands konnte Gestalt annehmen – und damit auch die tiefgreifende Überzeugung, einen geistig-moralischen Neubeginn zu versuchen. Theodor Heuss war es auch, der die junge Journalistin 1946 zum aktiven Engagement in der Politik aufforderte.

Hildegard Hamm-Brücher (damals noch Hildegard Brücher) fand ihre politische Heimat in der F.D.P., die sich über die lokale und regionale Ebene zu organisieren begann. Bereits bei den ersten Landtagswahlen 1947 hatten verschiedene liberale Gruppierungen zwischen fünf und zwanzig Prozent erreicht und sich als dritte politische Kraft neben SPD und CDU etabliert. Die bevorstehende Gründung der Bundesrepublik Deutschland verlangte eine Einigung der Liberalen, um auf Bundesebene präsent sein zu können. Die Gründung der »Freien Demokratischen Partei« am 12. Dezember 1948 in Heppenheim überwand auch die traditionelle Aufsplitterung des deutschen Liberalismus, dessen verschiedene Flügel sich nun unter dem gemeinsamen Dach der F.D.P. einten. Die Heppenheimer Gründung, die unter dem Motto »Einheit in Freiheit« stand, sammelte verschiedene Strömungen, die oft regional unterschiedliche nationale, demokratische, konservative Traditionen hatten. In seiner Gründungsrede bezeichnete der erste Vorsitzende der F.D.P., Theodor Heuss, die Partei als einen »Gesinnungsverband, der sich gebunden fühlt durch ein ebenso einfaches wie verwegenes Wort, nämlich, es sind hier Menschen, Männer und Frauen zusammengekommen, die von dem und in dem Glauben an die Freiheit des Menschen leben«. Dieses Band war stark genug, die liberalen Spaltungen, wie sie schon vor 1871 aufgetreten waren und immer wieder auftreten sollten, zu verhindern. Die F.D.P. bot aber gleichzeitig genug Raum für politische Persönlichkeiten unterschiedlicher Provenienz. Dieser Nachkriegsliberalismus war facettenreich und integrativ zugleich. Ganz wesentlich zu den Grundfesten der heutigen Bundesrepublik haben die Liberalen im Parlamentarischen Rat, allen voran Theodor Heuss, beigetragen. Demokratische Legitimation des Staates, Gewaltenteilung und Verankerung von individuellen Grundrechten stellten das am 23. Mai verkündete Grundgesetz vollkommen in die lange Tradition liberaler Verfassungslehre. Und nicht zuletzt eine marktwirtschaftliche Ordnung für die Bundesrepublik galt es gegen Widerstand und Bedenken von SPD und auch CDU durchzusetzen.

Der erste Bundespräsident Theodor Heuss blieb Hildegard Hamm-Brüchers Mentor und Vorbild, von dem Ausstrahlungskraft und Faszination ausgingen, die ihre Leidenschaft für eine moralische Demokratie wesentlich prägten. Nach dem Tod des großen Vorbildes 1963 war sie Mitbegründerin der Stiftung »Theodor-Heuss-Preis«, der sich zu einer hochgeachteten Auszeichnung für Verdienste um die Pflege und Förderung demokratischer Kultur entwickelte.

1948 war Hildegard Hamm-Brücher als F.D.P.-Stadträtin ins Münchner Rathaus gewählt worden. Eine erste, schwierige politische Aufgabe in der zerbombten bayerischen Stadt, in der sie eine pragmatische Politik für Menschen in Not machte. Schon im kommunalen Wahlkampf 1948 charakterisierte sie in einer Rundfunkrede ihre Grundsätze als solche, »die nicht das Wohl und Wehe einer Partei, sondern das des Menschen zum Inhalte haben«. Ein Satz, der für sie immer Gültigkeit behielt.

Die zweite große Chance ergab sich durch ein Stipendium für die Harvard-Universität, wo sie ein optimistisches Amerika der Nachkriegszeit erlebte. Sie selbst hat diese Zeit als ihr »entscheidendes politisches Lehrjahr« bezeichnet, weil es liberales Gedankengut erst konkret faßbar und für sie erfahrbar machte. Das Nachkriegsamerika zeigte, wie individuelle Freiheit und Eigenverantwortung eine humane und schöpferische Ordnung hervorbringen. Diese Erfahrung eröffnete Zukunftsperspektiven auch für Deutschland, das seine »verordnete Demokratie« erst noch innerlich annehmen mußte.

Bildungspolitik

Nach ihrer Rückkehr 1950 schaffte die junge Stadträtin der F.D.P. auch den Sprung in das bayerische Landesparlament. Betroffen von der Feststellung, wie oberflächlich die »Entnazifizierung« geblieben war, wie wenig Wurzeln die »verordnete Demokratie« geschlagen hatte, verschrieb sie sich dem Ziel der Erziehung zur Demokratie. Konsequent engagierte sich Hildegard Hamm-Brücher auf dem Feld der Schul- und Bildungspolitik. Gegen die in Bayern ausgeprägten autoritären und antiliberalen

Strömungen jener Zeit gestellt, mußte sie kämpferische Überzeugungsarbeit leisten. Sie hat erfahren, daß Politik, wie von Max Weber beschrieben, »ein geduldiges Bohren von Brettern mit Augenmaß und Leidenschaft« bedeutet. Ihr Kampf gegen die Wiederkehr des wilhelminisch-autoritären Erziehungssystems sowie für die Reform der bayerisch-konfessionellen Schule, ihre couragierte und intelligente Aufarbeitung der nationalsozialistischen Vergangenheit machten sie über die Landesgrenzen hinaus bekannt. Hildegard Hamm-Brücher wollte es in ihrer tief empfundenen Ablehnung des Nationalsozialismus nicht unwidersprochen zulassen, daß dieses Kapitel deutscher Geschichte verdrängt wurde. Bei aller Schärfe der Verurteilung war für sie Aufarbeitung des »Dritten Reiches« auch mit Aussöhnung verbunden. Nun mußte der schwierige Prozeß der Auseinandersetzung mit dem Nationalsozialismus immer wieder gefordert werden, weil im geschäftigen Deutschland des sogenannten Wirtschaftswunders der Blick zurück unbequem mit dem Bekenntnis zur Schuld verbunden war. Hildegard Hamm-Brücher hat die schmerzhafte Annahme der NS-Verbrechen gefordert, um die Bundesrepublik widerstandsfähig gegen Unmenschlichkeit und Diktatur zu machen.

Von 1950 bis 1966 entwickelte sie sich zur anerkannten liberalen Bildungspolitikerin, die sich bereits ein unverwechselbares politisches Profil geschaffen hatte und die mit wachsendem Einfluß die Bildungs- und Kulturpolitik der F.D.P. insgesamt bestimmte. Ihr Charisma, ihr Ansehen und ihre programmatische Ausstrahlung hatten 1962 dazu beigetragen, daß Hildegard Hamm-Brücher trotz eines aussichtslosen Listenplatzes als Kandidatin mit der absolut größten Stimmenzahl ihrer Partei nach dem damaligen bayerischen Wahlrecht doch wieder ins Landesparlament einzog. Hier schon zeigte sich die überzeugende Wirkung der geistig unabhängigen Politikerin, die sich über Parteigrenzen hinweg Anerkennung verschaffte. Hildegard Hamm-Brücher setzte ihre Bemühungen fort, ein aufklärerisch liberales Schulwesen zu schaffen und insgesamt das Bildungssystem den Erfordernissen einer sich modernisierenden Republik anzupassen. Ein leistungsfähiges Bildungswesen, so ihre Erkenntnis, bildet das Zukunftspotential einer Industriegesellschaft, die eine wachsende Zahl qualifizierter Kräfte benötigt. Zusammen mit anderen Liberalen wie Ralf Dahrendorf steht Hildegard Hamm-Brücher in dieser Zeit für eine Bildungspolitik der Durchlässigkeit im Bildungswesen, für Bildung als individuelle Aufstiegschance, für Bildung im Zusammenhang mit der Reform der Gesellschaft. Zahlreiche Veröffentlichungen zur Schul- und Bildungspolitik zeigen mit großer Sachkenntnis den tiefen Zusammenhang von Bildung und demokratischer Kultur.

Nachdem die F.D.P. 1966 an der damaligen Zehn-Prozent-Hürde in Bayern gescheitert war, wurde 1967 die Mahnerin zur Macherin. Sie wurde Staatssekretärin im Hessischen Kultusministerium und zwei Jahre später beamtete Staatssekretärin im Bundesministerium für Bildung und Wissenschaft. Hildegard Hamm-Brücher hat es verstanden, ihre ausgewiesene bildungspolitische Kompetenz auch programmatisch in die F.D.P. einzubringen. Die »Stuttgarter Leitlinien« einer liberalen Bildungspolitik von 1972, die bis heute Gültigkeit haben und deren Geist sich auch im »Bildungspolitischen Programm« von 1988 widerspiegelt, sind ganz wesentlich unter Hildegard Hamm-Brüchers Einfluß und Mitwirkung entstanden. Der hohe Stellenwert des Bildungswesens in liberaler Politik ist eine Leistung, an der Hildegard Hamm-Brücher wesentlichen Anteil hat. Das Eintreten der F.D.P., allen voran das Hildegard Hamm-Brüchers, für offene und durchlässige Schulen und Hochschulen, Chancenausgleich, Erhöhung der finanziellen Mittel für Bildung und Weiterbildung hat der F.D.P. für viele Jahre die Meinungsführerschaft in diesem Politikfeld gesichert. Die »Stuttgarter Leitlinien« stehen in direktem Zusammenhang mit den »Freiburger Thesen« von 1972 zur liberalen Gesellschaftspolitik. Aber auch wirtschaftlich sind Bildung und Wissenschaft in einem Industriestaat ohne große eigene Rohstoffvorkommen und mit einem großen Anteil hochtechnisierter Exportgüter eine grundlegende Zukunftsinvestition. Auch in der Regierungspolitik gilt das Webersche Bild vom Bohren dicker Bretter, gerade in einem Feld verteilter Kompetenzen. Viele liberale Forderungen aus jener Zeit, wie z. B. die Verkürzung der gymnasialen Schulzeit von neun auf acht Jahre, konnten nicht umgesetzt werden und stehen heute wieder auf der politischen Tagesordnung.

Auswärtige Kulturpolitik

Nachdem Hildegard Hamm-Brücher 1976 in den achten Bundestag gewählt worden war, berief Außenminister Hans-Dietrich Genscher sie zur Staatsministerin im Auswärtigen Amt, wo sie sich der auswärtigen Kulturpolitik annahm. Dieser politische Neubeginn machte aus der demokratischen Mahnerin im Innern auch eine Verständigungspolitikerin auf der internationalen Bühne. Sie stellt eine glaubwürdige Sympathiewerberin für das demokratisch gewandelte Deutschland dar. Das Bild der Deutschen im Ausland war vielfach von ihrer Vergangenheit und ihrer wirtschaftlichen Leistungskraft dominiert. Völkerverständigung heißt aber auch Völker verstehen. Für Hildegard Hamm-Brücher heißt dies Vermittlung der Kultur – weit über den engen schöngeistigen Kulturbegriff hinaus. Sie hat auswärtige Kulturpolitik nie als Beiwerk klassischer Außenpolitik verstanden, sondern als unverzichtbaren Bestandteil von Friedenspolitik. So erschöpft sich auswärtige Kulturpolitik nicht auf der Einbahnstraße bloßer Selbstdarstellung, sondern zielt auf partnerschaftlichen Austausch und Zusammenarbeit. Ihr Engagement für diese Aufgaben hat sicherlich zum Erfolg und zur hohen internationalen Wertschätzung liberaler Außenpolitik beigetragen.

Auch in der schwierigen Zeit der Wende 1982 blieb die F.D.P. die politische Heimat von Hildegard Hamm-Brücher, in der sie auch weiterhin ihre Wertvorstellungen am besten aufgehoben sah. In der Debatte des Bundestages am 1. Oktober 1982 begründete Hildegard Hamm-Brücher ihr Abstimmungsverhalten mit Zweifeln an der demokratischen Legitimation des Verfahrens, aber dem Liberalismus fühlte sie sich weiter verpflichtet. Damals formulierte sie: »Ich bedaure zutiefst, daß der politische Liberalismus, dem ich ... seit fast 35 Jahren mit Kopf und Herz verbunden bin, über diesen Konflikt in eine so schwere Existenzkrise geraten ist, und ich werde alles in meinen Kräften Stehende versuchen, daß wir diese Krise überstehen.«

Hildegard Hamm-Brücher hat den schwierigen Schritt mitgetan und hat ihr Versprechen gehalten.

Hildegard Hamm-Brücher litt darunter, daß die rasante wirtschaftliche Entwicklung der Bundesrepublik nicht mit einer tiefgreifenden inneren Erneuerung einherging. Schule ist die Schule der Nation, formulierte sie einmal, und dazu gehört auch die Erziehung zum Demokraten. Politische Bildung war und ist für Hildegard Hamm-Brücher Voraussetzung für eine funktionierende Demokratie, die in jedem einzelnen Bürger verwurzelt sein muß. Darüber hinaus bedarf aber auch der politische Entscheidungsprozeß der Kontrolle von innen. Für die Erneuerung und Weiterentwicklung des parlamentarischen Systems setzt sie sich leidenschaftlich und streitbar ein. Zunächst einmal ging es in den frühen Jahren der Bundesrepublik um die Etablierung und den Aufbau eines demokratischen Systems. Nachdem sich die deutsche Demokratie auf einer breiten und soliden Grundlage befand, deren Verletzbarkeit sie aber stets und fast seismographisch spürte, rief Hildegard Hamm-Brücher Mitte der achtziger Jahre die Initiative Parlamentsreform ins Leben. Sie wehrt sich mit dieser von ihr geprägten überfraktionellen Initiative gegen eingeschliffene politische Verfahren im parlamentarischen System. Demokratische Kultur bedeutet für sie ständige Überprüfung und Weiterentwicklung. Ihre Analyse des Bundestages stellt eine gewisse »Blutarmut« des parlamentarischen Diskurses, aber auch eine untergeordnete Stellung des einzelnen Abgeordneten gegenüber Fraktion und Partei fest. Sie selbst hat Fraktionsdisziplin immer als Einengung ihrer unabhängigen und spontanen Art von Politik verstanden. Die Aufforderung von Hildegard Hamm-Brücher an den einzelnen Abgeordneten, mit Rückgrat und Spontaneität Politik mit Leben zu füllen, findet Beachtung, weil sie selbst, so wie es Theodor Heuss für sie war, inzwischen zum Vorbild für viele geworden ist. Gerade jetzt bietet ihr Aufruf zu »parlamentarischer Frische« eine Chance im erneuerten gesamtdeutschen Parlament. Hildegard Hamm-Brüchers Aufforderung, das eigene politische Selbstverständnis zu überprüfen, bleibt in der Politik bestehen. Sie steht für die liberale Forderung nach einer Stärkung der Stellung des Abgeordneten in der repräsentativen Demokratie. In ihrem jüngsten, vielbeachteten Buch »Der freie Volksvertreter – Eine Legende?« hat Hildegard Hamm-Brücher eine kritische Bilanz der Initiative Parlamentsreform und des deutschen Parlamentarismus gezogen. Die Vereinigung der deutschen Staaten gibt uns Gelegenheit, zur richtigen Weiterentwicklung unserer bewährten repräsentativen Demokratie, zur Überprüfung alteingefahrener und zum Teil rostig gewordener parlamentarischer Spielregeln und zur Neubestimmung des Verhältnisses von Staat und Bürger zu kommen.

Im Liberalen Manifest der F.D.P. von 1985 heißt es: »Liberale wollen die persönliche Freiheit des einzelnen Bürgers, seine Chancen und seine Eigeninitiative gegenüber der Macht des Staates, der Wirtschaft und der Großorganisationen stärken.« Das bedeutet für mich Mitwirkung und Verantwortung des einzelnen, aber auch mehr direkte Entscheidungskompetenzen für den Bürger. Nach der nun vergangenen Nachkriegsepoche sollten wir Hildegard Hamm-Brüchers Aufforderung, Defizite und Erstarrungen nicht einfach gesamtdeutsch mitzutragen, sehr ernst nehmen. Sowohl parlamentarische Veränderungen als auch der behutsame Einsatz von mehr direkter Demokratie zumindest auf kommunaler Ebene könnten ein Gewinn für unsere repräsentative Demokratie und für die Glaubwürdigkeit des politischen Systems sein, für die gerade Hildegard Hamm-Brücher mit lebenslanger Leidenschaft gekämpft hat. Denn eine zu große Distanz zwischen Wählern und Gewählten, zwischen Bürgern und Politik macht eine politische Ordnung in der Krise anfällig. Die Grundordnung des Bonner Parlamentes – ein für seine Effizienz international anerkanntes Parlament – aber bleibt erhaltenswert.

Weitere Aufgaben zur demokratischen Entwicklung warten: so die Frage nach der parlamentarischen Kontrolle und der Gewaltenteilung in einem sich einigenden Europa. Hildegard Hamm-Brüchers Zielsetzung, Defizite in der Verfassungswirklichkeit aufzuzeigen, Lebensfähigkeit und Attraktivität der Demokratie zu fördern, wird weitergeführt werden. Der Liberalismus hat sich diesen Zielen verschrieben. Lebendig wird dieser Liberalismus erst durch große Persönlichkeiten wie Hildegard

Hamm-Brücher und ihr Wirken. Hildegard Hamm-Brücher hat sich während ihrer aktiven politischen Laufbahn nie gescheut, andere an die Verpflichtung für Demokratie und Liberalismus zu erinnern. Es steht nicht zu befürchten, daß sie in Zukunft darauf verzichten wird.

Claus-Jürgen Roepke

Innenansichten

> Ich bin der Herr,
> der von Gerechtigkeit redet
> und verkündet, was recht ist.
>
> Jesaja 45, Vers 19
>
> Losung der Herrnhuter Brüdergemeine
> vom 11. Mai 1921

Hildegard Hamm-Brücher und ihr Losungsbüchlein! Es war im Intercity zwischen Frankfurt und Hannover. Als sie den Terminkalender aus der Handtasche angeln wollte, ergoß sich deren ganzer Inhalt in den Mittelgang. Der Blick des mitreisenden Parteifreundes blieb – wohl eine Sekunde zu lang und etwas überrascht – an einer blauen, zerlesenen Broschüre hängen. Wie da die große alte Dame des deutschen Liberalismus auf einmal über ihre religiöse Intimsphäre zu plaudern begann: Dieses Losungsbüchlein gehöre zu den besten Traditionen des evangelischen Glaubens, sie lese schon seit Jahrzehnten jeden Morgen die für den Tag ausgesuchten Bibelworte und das sei doch sehr hilfreich – »gerade für einen Politiker«. Unbefangen brach da ein Mensch eines der letzten Tabus unserer Gesellschaft, sprach in der Öffentlichkeit über die religiöse Verwurzelung seiner Existenz, bar jeden missionarischen Eifers, aber doch so, daß sich die blasse Konfessionsbezeichnung »evangelisch« für den Gesprächspartner mit Leben füllen konnte.

Das sogenannte Losungsbüchlein ist Hildegard Hamm-Brüchers geistliches Vademecum. Auch im Deutschen Bundestag, wo die F.D.P.-Politikerin bis zu ihrem Ausscheiden zu den nicht gerade zahlreichen Besuchern der regelmäßigen Morgenandachten gehörte, war dies bekannt, bei ihren Gegnern bisweilen auch gefürchtet. Noch ihre Abschiedsrede am 20. September 1990 begann Hildegard Hamm-Brücher mit dem Hinweis auf die biblische Tageslosung, die sie den lieben Kolleginnen und Kollegen »ans Herz legen« wollte. Wochenlang hatte sie sich öffentlich der Sorgen der Menschen in den neuen Bundesländern angenommen und um Verständnis für diejenigen geworben, die in erster Linie unter den Folgen des schnellen Vereinigungsprozesses zu leiden haben. Jetzt wandte sie sich gegen »Horrorgemälde über die Katastrophenlage der DDR« und setzte gegen Larmoyanz und Defätismus die Verheißung des Alten Testamentes: »Ihr sollt Brot in Fülle haben und sollt sicher in eurem Lande wohnen« (3. Mose 26, Vers 5).

Das tägliche Bibelwort ist für Hildegard Hamm-Brücher aber nicht nur Hoffnungssignal, sondern auch Mahnung, Warnung und Zurechtweisung, theologisch gesprochen also nicht nur Evangelium, sondern auch Gebot. Deutlich wurde das in der ausführlichen Rechenschaft, die sie vor der Öffentlichkeit unter dem Titel »Der Politiker und sein Gewissen« über ihr Verhalten in der »Wende« ablegte. Hildegard Hamm-Brücher hatte sich im Herbst 1982 entschlossen, am Sturz Helmut Schmidts durch ein sogenanntes konstruktives Mißtrauensvotum nicht mitzuwirken, und sich dabei auf Artikel 38 des Grundgesetzes berufen, der die Gewissensfreiheit der Abgeordneten festschreibt. Die aufsehenerregende Rede, in der sie ihre Entscheidung am 1. Oktober 1982 vor dem Deutschen Bundestag begründete, gilt zu Recht als Glanzstück des deutschen Parlamentarismus. Über ihre Skrupel am Tag zuvor schrieb Hildegard Hamm-Brücher später: »Würde ich hierfür die richtigen Worte finden? In der täglichen Losung der Herrnhuter Brüdergemeine las ich für diesen Tag ein Wort aus dem 2. Buch Mose, 23. Kapitel: ›Du sollst der Menge nicht auf dem Weg zum Bösen folgen.‹ Ich fühlte mich mehr betroffen als gestärkt. Würde ich mich überhaupt mit meinem Anliegen verständlich machen können, ohne selbstgerecht zu sein oder auch nur zu scheinen? Würde ich durchhalten? Ich hatte Herzklopfen. Erst während ich sprach, wurde ich mir meiner persönlich zu verantwortenden Entscheidung wieder gewiß.«

In diesen wenigen Sätzen nachträglicher Reflexion werden die Strukturelemente einer christlichen Gewissensentscheidung gut erkennbar: die Orientierung des Gewissens am Wort Gottes, das Wissen um Gut und Böse und die Notwendigkeit einer persönlich verantworteten Entscheidung, die Unsicherheit (»Herzklopfen«), weil objektiv einsehbare Kriterien nur begrenzt zur Verfügung stehen, die Angst vor dem Mißverständnis (»selbstgerecht«) und schließlich der Gewinn der Freiheit im Vollzug (»Erst während ich sprach...«). Es kann kein Zufall sein, daß Luther in fast denselben Worten sein Auftreten vor dem Wormser Reichstag 1521 beschrieben hat. Dies gilt gerade auch für die Zwiespältigkeit des Echos, die die Berufung auf das Gewissen und der Hinweis auf das Wort Gottes in der Öffentlichkeit bewirken. Nicht selten wurde Hildegard Hamm-Brüchers Rekurs auf die Bibel im Deutschen Bundestag als deplaciert empfunden, die Abgeordnete von einigen ihrer politischen Gegner als selbstgerechte Moralistin apostrophiert. Das Bundestagsprotokoll notierte in solchen Fällen zuweilen »Unruhe und Lachen«. Denn natürlich sind Bibelworte im Parlament nicht jedermanns Sache.

Die »täglichen Losungen und Lehrtexte der Brüdergemeine«, herausgegeben von der Direktion der Herrnhuter Brüderunität im sächsischen Herrnhut und im württembergischen Bad Boll, sind fester Bestandteil der »praxis pietatis« des deutschen Protestantismus. Mehr noch: In 38 Sprachen übersetzt, verbindet dieses kleine Erbauungsbüchlein heute Millionen von evangelischen Christen in den unterschiedlichsten protestantischen Denominationen. Es war der ältere Pietismus, der im 17. Jahrhundert die Bibel als Mittelpunkt und Medium einer neuen selbstbewußten Laienfrömmigkeit wiederentdeckte. Nikolaus Ludwig Graf von Zinzendorf (1700–1760) gab von 1728 an zur Ausrüstung seiner Gemeinde als »militia christi« Losungen heraus: Bibelsprüche, die dann ab 1812 in der Herrnhuter Brüdergemeine im voraus für jeden Tag eines Jahres durch das Los ermittelt wurden. Ihnen wurde im Sinn des heilsgeschichtlich-christologischen Verständnisses des Alten Testaments je ein neutestamentliches Wort als Lehrtext hinzugefügt. So wurden – und werden – Losung und Lehrtext als Weisung für den betreffenden Tag verstanden, als Trost und Orientierung, heute verstärkt als Anleitung zur Meditation. Zum Ansehen des Losungsbüchleins trug seine Verbreitung gerade auch im alten protestantischen Adel und unter den Politikern bei. Otto von Bismarck etwa, aber auch zahlreiche evangelische Christen im Widerstand des Dritten Reiches gestalteten ihr geistliches Leben ganz wesentlich mit Hilfe des Losungsbüchleins. Dabei darf nicht übersehen werden, daß diese religiöse Praxis immer auch auf Bedenken stieß. Reduziert sich nämlich der Umgang mit der Bibel auf die Lektüre von aus dem Zusammenhang gerissenen Bibelworten, kann die Heilige Schrift leicht als Orakelbuch mißverstanden werden.

Das altmodische Losungsbüchlein ist ein augenfälliger Hinweis darauf, daß sich evangelischer Glaube nicht primär sakramental oder von der Kirche her, sondern vom Wort Gottes her definiert. Evangelisches Christentum lebt aus dem Evangelium von Jesus Christus. Hinter diese Erkenntnis der Reformation gibt es für den Protestantismus kein Zurück. Das Wort Gottes ist für evangelische Christen die Quelle des Glaubens und der Orientierungspunkt des Gewissens. In seiner großen Schrift von der »Freiheit eines Christenmenschen« hat das Martin Luther so ausgedrückt: »Wir müssen dessen gewiß sein, daß die Seele alles entbehren kann, nur nicht das Wort Gottes. Wenn sie aber das Wort Gottes hat, so braucht sie nichts anderes mehr, sondern sie hat mit dem Wort Gottes alles – Speise, Freude, Friede, Licht, Weisheit und Freiheit. Das Wort, das diese große Gnade gibt, ist nichts anderes als die Predigt von Jesus Christus. Darum sollte es billigermaßen aller Christen einzige Übung sein, sich das Wort Gottes und Christus einzuprägen.«

Daß Hildegard Hamm-Brücher in der Frömmigkeitstradition der Herrnhuter Brüdergemeine steht, ist keineswegs selbstverständlich. Zwar bezeichnen sich die meisten liberalen Politiker als evangelisch, und der Anteil der Protestanten dürfte unter den F.D.P.-Wählern relativ hoch sein. Doch im allgemeinen liegen zwischen den religiösen Vorstellungen im deutschen Liberalismus und den Frömmigkeitsübungen des deutschen Pietismus Welten. Wer das spannungsvolle Miteinander von Liberalismus und Protestantismus kennt, wird jedenfalls Verständnis dafür haben müssen, daß eine so dezidiert evangelische und bibelorientierte Politikerin zuweilen in ihrer Partei Kopfschütteln hervorruft: eine Marotte, die man – als Mit-Liberaler – toleriert?

Wer Hildegard Hamm-Brüchers Weg als evangelische Christin verstehen will, muß sich mit ihr über ihre Kindheit und ihre Jugend in den Jahren der nationalsozialistischen Gewaltherrschaft und in der Zeit des Zusammenbruchs unterhalten. Das, was Psychologen und Religionssoziologen verkürzt die »religiöse Sozialisation« zu nennen pflegten, erfolgte nämlich im Umfeld der Bekennenden Kirche. Familienwohnsitz der Brüchers war zu Beginn der dreißiger Jahre Berlin-Dahlem. Und hier besaß die Bekennende Kirche ihr geistliches Zentrum; Martin Niemöller, damals noch unbestrittener geistlicher Führer des in Opposition stehenden Teiles der evangelischen Kirche, war der Gemeindepfarrer der Familie. Es waren vor allem der Kindergottesdienst und die kirchliche Jugendarbeit, die das junge Mädchen religiös prägten. Als 1931 und 1932 plötzlich die Eltern starben, nahm sich Niemöller der fünf Kinder persönlich an. Später, als er in den KZs Sachsenhausen und Dachau inhaftiert war, erkundigte er sich immer wieder nach seinen Schützlingen.

Der zweite Mensch, der im Leben der Brücher-Kinder offenbar eine große Rolle spielte – nach den Eltern die »allerwichtigste Person« –, war die Großmutter. Diese lebenskluge und fromme Frau nahm die Kinder zu sich nach Dresden. Hier fanden sie wieder ihren Platz im Kindergottesdienst und in den Jugendkreisen der Gemeinde. Und hier wurde Hildegard Hamm-Brücher 1936 auch konfirmiert – »ein glaubensprägendes Erlebnis«, wie sie gerne sagt. Den dunklen Hintergrund dieser allmählichen Verwurzelung im evangelischen Glauben bildeten dabei der aufkommende Antisemitismus, von dem die Groß-

mutter und ihre Enkel nach dem Inkrafttreten der Nürnberger Gesetze auch selber betroffen waren, sowie die Auseinandersetzung mit den sogenannten Deutschen Christen.
Seine erste große Bewährungsprobe hatte dieser Glaube im Zusammenbruch des Dritten Reiches zu bestehen. Nach dem Karfreitag 1945 schrieb die damals Vierundzwanzigjährige in ihr Tagebuch: »Die nächsten Wochen werden auch für uns die Entscheidung bringen. Wir gehen unter, weil es diese Führung will – ihr Untergang soll auch der unsere sein. Vielleicht will es auch Gott. Als ich am Karfreitag in Schwerin zum erstenmal seit langem das Abendmahl wieder nahm, fühlte ich mich gestärkt... Ich fühlte mich Gott wieder anbefohlen. Mit der ganzen Kraft meines armen Herzens bete ich...« Daß es vor allem die Kategorien und Strukturelemente evangelischen Glaubens waren, in denen dieser junge Mensch Katastrophe und Neubeginn zu bewältigen suchte, machen auch die Erinnerungen Hildegard Hamm-Brüchers an die erste Friedensweihnacht deutlich, die für sie zur »Freudenweihnacht« wurde. Fast vierzig Jahre später notierte sie über dieses Erlebnis: »Es war das erste Weihnachtsfest in meinen jungen Jahren, an dem ich das beglückende Erleben an der Krippe und auf dem Felde leib- und sinnenhaft nachvollziehen konnte. Zum ersten Mal empfand ich die Weihnachtsgeschichte als Heilsgeschichte, als lebendige Hoffnung und als Kraftquell, wirksam über eintausendneunhundertfünfundvierzig Jahre hinweg. Die Geburt des Heilands war für mich nicht länger nur ein Gedenktag, sondern eine wirkliche Ankunft... Nach der Christmette saß ich mit zweien meiner Geschwister in meinem etwa 10 qm kleinen Starnberger Zimmer. Wir lasen noch einmal die Weihnachtsgeschichte aus dem bebilderten Neuen Testament, das ich 14 Jahre zuvor im Kindergottesdienst mit der Unterschrift unserer Kindergottesdienstpfarrer Röhricht und Niemöller erhalten hatte. Wir blätterten darin. Tiefe Dankbarkeit stieg in uns auf. Niemals wieder in meinem Leben – ausgenommen nach der Geburt meiner Kinder – war ich so sicher in meinem Glauben.« Hildegard Hamm-Brücher hat sich später nicht gescheut, ihre Lebensgeschichte gut paulinisch mit dem Lebensgeschick Jesu Christi zusammenzusehen: Nach der Prägung durch Karfreitag, Kreuzigung und Tod in den Jahren

des Nationalsozialismus habe sie erst als Erwachsener das »Geheimnis der Christgeburt« und das »Heil des Friedens durch Versöhnung« in einer unheilen und unversöhnten Welt erfahren.*

Hildegard Hamm-Brüchers Engagement für die freiheitliche, demokratische und rechtsstaatliche Ordnung der Bundesrepublik ist im Erlebnis und im Zusammenbruch des Naziregimes verwurzelt. Dies hat sie selber immer wieder betont. Weniger bekannt ist, daß auch ihr evangelischer Glaube – seine biblische Verankerung und seine kirchliche Beheimatung ebenso wie sein ethischer Rigorismus und seine Sensibilität für Recht und Unrecht – in der Kinder- und Jugendzeit des Dritten Reiches seinen Ursprung hat. Im Protestantismus der Gegenwart ist ohne Zweifel ein gravierender Traditionsabbruch zu konstatieren. Die Weitergabe des evangelischen Glaubens an die nachfolgende Generation will in Familie, Schule und Gemeinde immer seltener gelingen. Hildegard Hamm-Brücher hätte da viel zu erzählen: über die Rolle, die erfahrene Seelsorger und fromme Großmütter in der religiösen Entwicklung junger Menschen spielen können. Von den Chancen, die der Kindergottesdienst und das Erlebnis einer kirchlichen Jugendgruppe in einer nicht mehr vom Christentum geprägten Gesellschaft haben. Und wie der kontinuierliche Umgang mit der Bibel einen Menschen zu dem Bekenntnis führt: »Ich war und bin ein überzeugter Christ« – was keine moralische, sondern eine theologische Aussage sein will, nicht zu verwechseln mit der Selbsteinschätzung als »guter« Christ.

Dem Gewissen verpflichtet

Wer sich Hildegard Hamm-Brüchers politisches Wirken in den mehr als vier Jahrzehnten deutscher Nachkriegsgeschichte vergegenwärtigt, begegnet an nicht wenigen Stellen einer streitbaren und unbequemen Frau, eben einer Protestantin, für die das

* s. dazu: Ursula Salentin: Hildegard Hamm-Brücher – Der Lebensweg einer eigenwilligen Demokratin (vgl. oben S. 15).

Gewissen einen »hohen Stellenwert« hat. Als Initiatorin der interfraktionellen Initiative zur Parlamentsreform des Deutschen Bundestages hat sich Hildegard Hamm-Brücher in den letzten Jahren immer wieder Rechenschaft abgelegt über die Gewissensproblematik des Politikers und Parlamentariers. Diese steht im Mittelpunkt der ethischen Reflexion ihres gesamten politischen Handelns. Das ist ohne Zweifel ein typisch protestantischer Zug ihres Christseins. Sie macht es sich und vor allem ihren politischen Gegnern damit freilich nicht immer leicht. Denn was ist eine Ermessensentscheidung, eine Entscheidung der in Politik und Religion durchaus hoch zu veranschlagenden Vernunft (in Luthers Kleinem Katechismus wird sie zu den guten Gaben Gottes gezählt, ebenso wie im biblischen Zeugnis die Weisheit)? Und was ist eine Gewissensentscheidung, als solche dann im politischen Diskurs nicht mehr hinterfragbar? Hildegard Hamm-Brücher sieht im Gewissen »eine sehr individuelle Instanz«, mit dessen Hilfe »freies verantwortliches Handeln vor Gott und den Menschen überhaupt erst möglich ist«. Erst das Gewissen – für den Christen »Mitte seines Menschseins« - ermögliche personale Selbständigkeit und innere Freiheit von Zwängen und Zumutungen mit allen Folgen, die daraus erwachsen: »Ich prüfe gewissenhaft, und wenn ich bei dieser Prüfung Ungereimtheiten feststelle oder Verstöße entdecke, dann benenne ich sie und versuche sie abzustellen.«

Vor der Gesellschaft für christlich-jüdische Zusammenarbeit hat Hildegard Hamm-Brücher einmal das Gedächtnis, das Gewissen und das Vertrauen unter Menschen als die drei Größen bezeichnet, die Begegnung, Verständigung und Versöhnung ermöglichen. Es ist durchaus bemerkenswert, daß sie sich gerade auch vor diesem Auditorium nicht davor scheute, die Gewissensproblematik mit dem für den christlichen Glauben zentralen Bekenntnis zu Tod und Auferstehung Jesu Christi zusammenzudenken. In Anknüpfung an einen Gedanken Papst Johannes' Pauls I., der Auschwitz als das »Golgatha des 20. Jahrhunderts« bezeichnet hatte, wies sie darauf hin, daß das Kreuz für den Christen Symbol des neuen Anfangs sei. Von Golgatha komme für den Christen »Hoffnung und Verheißung der Vergebung unserer Schuld, der Auferstehung nach dem Tod, das Angebot für einen neuen Anfang auch nach einem schrecklichen Ende«. Das Gewissen sei also keine Instanz, die in die Verzweiflung führe, sondern eine Instanz, die mahne, aber eben auch ermutige. Deutlich schimmert in diesen Ausführungen Luthers Rede vom »getrösteten Gewissen« durch. Denn natürlich kann die Berufung auf das Gewissen nicht davor bewahren, schuldig zu werden.

Es ist sicher kein Zufall, daß Hildegard Hamm-Brücher in ihrer Streitschrift für mehr Gewissensfreiheit und Gewissensverantwortung in der Politik an dieser Stelle wieder an Martin Luther in Worms erinnert. Sein Votum »Hier stehe ich, ich kann nicht anders« habe »bis in unsere Tage immer wieder ein Stückchen Welt verändert«. Luther hatte 1521 vor Kaiser und Reich bekanntlich erklärt, in seinem Gewissen »überwunden« und im Wort Gottes »gefangen zu sein«; ohne »Zeugnisse der Schrift und klare Gründe der Vernunft« werde er seinen Standpunkt nicht ändern. Dies war die Geburtsstunde der »protestantischen Aktion« deutscher Fürsten, die sich einige Jahre später formierte, im Grunde genommen die Geburtsstunde des protestantischen Prinzips. Seitdem ist evangelisches und mitunter auch katholisches Christentum undenkbar ohne das Risiko des eigenen Standpunktes und ohne den Respekt vor dem Gewissen des anderen.

Protestantisch sein heißt dann: Wenn es um entscheidende Fragen des Menschseins geht, gibt es keine Stellvertretung durch Institutionen, keine Absicherung durch Mehrheitsbeschlüsse und kein Mitschwimmen im Trend, sondern dann bin ich persönlich mit meiner selbstverantworteten Entscheidung gefordert. Es ist der »mündige Mensch«, der mit der Reformation in die Geschichte eingetreten ist und im Wechsel der Zeiten als Typ des Protestanten quer durch alle Konfessionen eine einzigartige Faszination entfaltet hat. Hildegard Hamm-Brücher hat recht: Es dürfte kaum Schöpfungen der westeuropäischen und angelsächsisch-amerikanischen Kultur geben, die nicht Spuren dieses protestantischen Prinzips aufzuweisen hätten. Auch heute wird dieser »protestantische Typ des Menschen« gebraucht: der unangepaßte Offizier, der risikofreudige Unternehmer, die unbequeme Vertreterin des prophetischen Protestes gegen eine angepaßte Kirche oder eben die eigenwillige Politikerin, die Querdenkerin, nicht leicht in die Parteidisziplin einzubinden.

Der Gründer der Kirchentagsbewegung, Reinhold von Thadden, hat einmal als Kriterium dieses protestantischen Menschen »den Geist der Initiative, die dynamische Kraft schöpferischer Ideen, die Fähigkeit zur aktuellen Entscheidung und den Mut der sittlichen Verantwortung« genannt. Hildegard Hamm-Brücher hat in ganz ähnlichen Worten vom Stehvermögen gesprochen, das es zu mobilisieren und durchzuhalten gelte in der Politik, vom »Widerstehvermögen«, das auch dazugehöre, »indem man das Aufbegehren gegen Mißstände nicht nur anderen empfiehlt, sondern es selbst wagt, um damit dem leider verbreiteten Hang des Politikers zur Anpassung, zur Resignation, zum Konformismus zu widerstehen«. Auch die Metapher vom »aufrechten Gang« benutzt Hildegard Hamm-Brücher mitunter gerne, um ihr protestantisches Profil zu umschreiben. Und sie nennt das dann »das Hinstehen gegen das ewige Einknicken überall«. Es erinnert dies an Dietrich Bonhoeffers Rede von den »geraden Menschen«, die unsere Zeit benötigt. Wie sich denn überhaupt im Denken Hildegard Hamm-Brüchers viele Spuren dieses Märtyrers der Bekennenden Kirche ausmachen lassen. Politik also in ethischer Verantwortung, Politik nie ohne Moral – unter diesem hohen Anspruch an sich selbst will diese protestantische Politikerin ihr Wirken für Demokratie und politische Kultur in Deutschland verstanden wissen.

Der Kirche verbunden

Dem Christsein Hildegard Hamm-Brüchers auf der Spur, stößt man nicht nur auf einen sehr persönlichen evangelischen Glauben und eine typisch protestantische Persönlichkeitsstruktur. Es ist da noch etwas Drittes, nämlich ein »Ja zur Kirche«, das in seiner Selbstverständlichkeit und Intensität nun doch überrascht. Denn der Pietismus, in dessen Umfeld die Bibelfrömmigkeit des genannten Losungsbüchleins ursprünglich beheimatet war, zeichnet sich bis heute eher durch eine kritische Distanz zur Volkskirche deutscher Tradition aus. Über die ekklesiologischen

Defizite des liberalen Protestantismus, wie er gerade im evangelischen Großbürgertum der Jahrhundertwende verbreitet war, sind Bände geschrieben worden. Und was die heutige F.D.P. betrifft: Sie hat zwar offiziell von den antiklerikalen Traditionen des alten Liberalismus Abschied genommen und gelernt, die Kirchen als staatsfreie Räume der Gesellschaft zu schätzen. Für viele ihrer Mitglieder und Wähler dürften aber nach wie vor – und neuerdings eher verstärkt – Distanz zur Kirche (»Amtskirche«) und latente Neigung zum Kirchenaustritt kennzeichnend sein. Mögen also die Begründungszusammenhänge jeweils unterschiedlich sein – der Pietismus, der Kulturprotestantismus großbürgerlichen Zuschnitts und der politische Liberalismus zeichnen sich herkömmlicherweise nicht gerade durch große Nähe zur Kirche aus.

Dies aber ist nun in dezidierter Weise von der Protestantin und liberalen Politikerin Hildegard Hamm-Brücher zu vermerken – weswegen sie denn auch zuweilen etwas unfreundlich in ihrer Partei als »Kirchenfrau« apostrophiert wird. Mitarbeit in der Kirche – das läßt sich festmachen an Ämtern, die sie wahrgenommen hat und noch wahrnimmt, an Sitzungen, für die sie zwischen dem politischen Geschäft Zeit opfert, und an einer unermüdlichen innerparteilichen Aufklärungsarbeit über das, was Christentum und Kirche für den Bestand einer humanen Gesellschaft heute bedeuten. Da wäre zu erzählen von drei Jahrzehnten Mitgliedschaft im Kirchenvorstand – Basisarbeit sozusagen als Lektorin am Altar und beim Sammeln mit dem Klingelbeutel. Oder von den Kirchentagen, wo sie seit Jahren in West und Ost als eine der wenigen Politikerinnen agiert, die von der heranwachsenden Generation als glaubwürdig akzeptiert wird (nur in Hamburg mußte sie sich auch einmal in turbulenten Zeiten auf dem Podium vor Eiern ducken!). Von der Mitarbeit in der Landessynode ihrer bayerischen Heimatkirche wäre zu berichten, vom Kuratorium der Evangelischen Akademie Tutzing, von der ihr besonders wichtigen christlich-jüdischen Zusammenarbeit und von Tagungen der Synode der Evangelischen Kirche in Deutschland (EKD). Überall besticht Hildegard Hamm-Brücher dabei durch ihre Kompetenz, auch und gerade in theologisch relevanten Fragen. Diese Kompetenz mußte ihr sogar gelegentlich der alte Vizepräsident der Kirchenkanzlei nach einer Begegnung der F.D.P.-Spitze mit dem Rat der EKD bescheinigen: »Die Dame hat die Denkschriften der EKD gelesen und verstanden« – ein Urteil, das der Kirchendiplomat offenbar nur für wenige Bonner Politiker gelten lassen wollte.

Daß Hildegard Hamm-Brücher bei ihrer Gratwanderung zwischen Partei und Kirche gelegentlich auf beiden Seiten für heftige Irritationen sorgt, liegt auf der Hand. So erregte sie etwa mit ihren bildungspolitischen Vorstößen in ihrer Kirche immer wieder Anstoß. Die sechzehn Jahre, in denen die liberale Politikerin für ihre Partei im Bayerischen Landtag saß (1950–1966), waren von anhaltenden und zeitweise außerordentlich heftigen kulturpolitischen Auseinandersetzungen geprägt. Kritisch meinte Hildegard Hamm-Brücher damals (1964): »So aufrichtig alle kirchlichen und religiösen Motive zur Umkehr und Besinnung nach der Zeit des nationalsozialistischen Grauens zu achten und zu bekräftigen sind, so wenig darf verschwiegen werden, daß diese Motive schon sehr bald nach Kriegsende den Beigeschmack weltlichen Machtstrebens, der Intoleranz, des politischen Kalküls und der geistigen Unfreiheit annahmen.« Dieser von den »Traditionalisten und Konfessionalisten« proklamierten geistigen Unfreiheit, den »veralteten, autoritären Ordnungsprinzipien«, der konfessionellen Trennung in der Schule und dem »die Klassengesellschaft fördernden starren, dreiteiligen Schulsystem« galt der Kampf der jungen liberalen Politikerin. Er wurde hart geführt, etwa als es unter der Frage »Muß ein Lehrer Christ sein?« um die Entkonfessionalisierung der Lehrerbildung ging, aber auch mit Witz und Ironie, als der Landesbischof in einem offenen Brief gebeten wurde, von der unseligen Idee »evangelischer Schulbusse« Abstand zu nehmen. Zum kulturpolitischen Finale ihrer vier Legislaturperioden gestaltete sich dann 1966 das von der F.D.P. initiierte Volksbegehren zur Abschaffung der Konfessionsschule und zur Einführung der Gemeinschaftsschule. Als Gegner hatte es Hildegard Hamm-Brücher dabei keineswegs nur mit der CSU, sondern auch mit den beiden großen Kirchen zu tun. Es darf wohl nicht verschwiegen werden, daß die bayerische Landeskirche ihrem Gemeindeglied Hildegard Hamm-Brücher diesen »Sündenfall« nicht leicht vergessen konnte.

Umgekehrt hat Hildegard Hamm-Brücher auch in ihrer Partei verschiedentlich Anstoß erregt mit ihrem kirchlichen Engagement. Dies war der Fall vor allem im Zusammenhang mit dem sogenannten Kirchenpapier der F.D.P., das nicht nur das Verhältnis zwischen der Partei und den beiden großen Kirchen 1973/74 schwer belastete, sondern auch unter den Liberalen selbst zu heftigen Auseinandersetzungen führte. Nachdem im Januar 1973 die Bundesdelegiertenkonferenz der Deutschen Jungdemokraten eine Anzahl von »Forderungen zum Verhältnis von Kirche und Staat« beschlossen und der F.D.P.-Landesverband Nordrhein-Westfalen einen Vorstoß in ähnlicher Richtung unternommen hatte, setzte der Bundesvorstand einen Ausschuß ein, der Ende des Jahres unter dem Titel »Freie Kirchen im freien Staat« eine Thesenreihe zu dieser brisanten Thematik vorlegte.

Die Präambel dieses Papiers betonte zwar, daß das Christentum Geschichte, Kultur und ethisches Bewußtsein in Europa entscheidend geprägt habe und die Kirchen im karitativen Bereich wegweisende Arbeit geleistet hätten; das Wirken der Kirchen solle daher keineswegs auf den rein innerkirchlichen Bereich eingeschränkt werden. In den Thesen selber wurde dann jedoch eine radikale Trennung von Staat und Kirche gefordert, die im Ergebnis auf die Verdrängung der Kirchen aus dem öffentlichen Leben zielte. So wollten die Thesen den Kirchen und sämtlichen Religionsgemeinschaften den Status einer Körperschaft des öffentlichen Rechts nehmen, das Kirchensteuersystem abschaffen, alle Konkordate und Kirchenverträge aufheben, im sozialen Bereich das Subsidiaritätsprinzip abschaffen und den Religionsunterricht durch eine allgemeine Religionskunde ersetzen bzw. ergänzen. Zwar gab es im Kirchenpapier durchaus Forderungen, die zumindest in Teilen des Protestantismus Unterstützung fanden. Dazu zählten etwa die Abschaffung der Militärseelsorge und die Einbeziehung auch der Theologiestudenten in den Wehrdienst. Insgesamt jedoch konnte die programmatisch vorgetragene These von der weltanschaulich-religiösen Neutralität des Staates nur mühsam den Ursprung der meisten Einzelforderungen in den antikirchlichen Traditionen des 19. Jahrhunderts verdecken.

Vor allem im bayerischen Landesverband der F.D.P. formierte sich Widerstand. Auf dem Bundesparteitag im Oktober 1974 in Hamburg erreichte die Auseinandersetzung ihren Höhepunkt. Es waren kurioserweise die beiden Kirchenfrauen der F.D.P., Liselotte Funcke und Hildegard Hamm-Brücher, die sich hier gegenüberstanden. In ihrer »Gegenrede« vor dem Parteitag machte die bayerische F.D.P.-Politikerin deutlich, daß das Kirchenpapier weniger aus kirchlichen Gründen oder um des Gewissens willen, als vielmehr auf der Grundlage rechtverstandener liberaler Positionen und vor allem aus Gründen der praktischen politischen Vernunft abgelehnt werden müsse; es sei derzeit nichts am Verhältnis zwischen Staat und Kirche »grundsätzlich so unerträglich und so abänderungsbedürftig«, daß es einer derartig breit angelegten Kampagne bedürfe. Im einzelnen bestritt Hildegard Hamm-Brücher vehement, daß man heute von einer tatsächlichen Vormachtstellung der Kirchen sprechen könne; es seien »ganz andere Gruppen und Mächte«, deren Machtmißbrauch anzuprangern wäre. Auch sollten sich die Liberalen bewußt machen, daß sie heute in den beiden großen Kirchen Partner besäßen im Kampf für staatsfreie Räume und für den Schutz von Minderheiten, im Einsatz für sinnvolle gesellschaftliche Reformen und in der Stärkung der Verantwortung für die Entwicklungshilfe und Fragen der Friedenssicherung. Sie vermißte den für das Staatskirchenrecht signifikanten Begriff der »Partnerschaft von Staat und Kirche«, der im ganzen Papier nicht einmal auftauche, sowie jegliches Gespür für geschichtliche Entwicklungen. Im Blick auf die Einzelforderungen des Kirchenpapiers beklagte Hildegard Hamm-Brücher deren »Eiseskälte« und den »Ton feindlichen Mißtrauens«, um das Papier schließlich im ganzen als »Armutszeugnis des Liberalismus« abzukanzeln: Dies sei keine »Meisterleistung liberalen, also auf Vernunft gegründeten politischen Denkens und Handelns«.

Die bayerische F.D.P. konnte letztlich nicht verhindern, daß die Thesen »Freie Kirche in einem freien Staat« 1974 auf dem Bundesparteitag mit Mehrheit angenommen wurden. Nicht zuletzt Hildegard Hamm-Brüchers temperamentvolles Plädoyer gegen das Kirchenpapier hatte jedoch dazu geführt, daß es schon zum Zeitpunkt seiner Annahme als erledigt gelten konnte. In der Folgezeit bemühte sich die Parteiführung um eine Entkrampfung im Verhältnis zu den beiden großen Kirchen und um eine neue Annäherung. Ausdruck dafür wurde nicht zuletzt die neugegründete Kommission »Liberalismus und Kirche« unter dem Vorsitz des bayerischen F.D.P.-Vorsitzenden Manfred Brunner. In ihr bemühten sich Staatsrechtler, Parteimitglieder und Kirchenvertreter um weitere Klärung der mit dem Kirchenpapier aufgeworfenen Grundsatzfragen.

Hildegard Hamm-Brüchers innerparteiliches Eintreten für den ungehinderten Dienst der Kirchen in der Gesellschaft bleibt in vieler Hinsicht bemerkenswert. Wer ihre Reden, Aufsätze und Interviews in dieser Sache heute liest, kann nur staunen, wie hier argumentiert wird: im Wissen um die durchaus widersprüchliche Geschichte des deutschen Liberalismus, aus der Erfahrung mit intolerantem ideologischem Denken heraus und in klarer Kenntnis dessen, was die Kirchen heute an Zeugnis und Dienst in der Gesellschaft zu leisten in der Lage sind. Innerhalb ihrer Kirche hat die liberale Politikerin bei ihrem Kampf gegen das Kirchenpapier kaum Unterstützung gefunden; hier betrachtete man die Angelegenheit als eine innerparteiliche Sache. Innerhalb der F.D.P. taten sich nicht wenige jüngere Mitglieder ohne Zweifel schwer mit einer Linie, die sie schlicht als zu »kirchenfreundlich« empfanden. Man wird im Rückblick allerdings nicht um die Feststellung herumkommen, daß Hildegard Hamm-Brücher mit ihrem Einspruch gegen das Kirchenpapier den deutschen Liberalismus vor einem Rückfall in überholte Positionen des Antiklerikalismus bewahrt und der Gesellschaft den Dienst der Kirchen erhalten hat.

Hildegard Hamm-Brücher: eine Politikerin, die sich als evangelische Christin versteht, eine streitbare Protestantin, dem Liberalismus ebenso wie ihrer Kirche im Auf und Ab von sieben Jahrzehnten treu verbunden. Es ist Samstagnachmittag, und das Telefon klingelt. Das kann nur sie sein. Und richtig: »Väterchen«, sagt Markus, »Königinmutter ist dran. Benimm dich anständig!« Aus den Worten des Sechsundzwanzigjährigen spricht Respekt, wohl auch Zuneigung. Bei den letzten Wahlen votierte er das erste Mal für die F.D.P. Mutmaßlich ihretwegen. Möge sie sich also noch lange durch unsere Politik bewegen mit ihrem Engagement, ihren Zwischenrufen, ihrem Charme. Mit ihrer altmodischen, immer etwas zu großen Handtasche. Und mit dem Losungsbüchlein drin: Für alle Fälle.

Manfred Rommel

Vom gesellschaftlichen Nutzen der kommunalen Selbstverwaltung

Diese Festschrift erscheint zu Ehren von Frau Dr. Hamm-Brücher, die mit Nachhaltigkeit, Geschick und großem Erfolg bemüht war und bemüht ist, politisches und gesellschaftliches Denken immer wieder herauszufordern und die Denker aufzuscheuchen, sobald sie das Denken einstellen wollen, weil sie meinen, sie hätten die Wahrheit bereits gefunden. In einer solchen Schrift können Betrachtungen über die kommunale Selbstverwaltung nicht fehlen. Die Herausgeber haben recht gehabt, mich aufzufordern, solche Betrachtungen zu Papier zu bringen.

Ich beginne meine Ausführungen mit dem Begriff des Querdenkers, der, in positiver Bedeutung, aus dem Wortschatz von Frau Dr. Hamm-Brücher nicht wegzudenken ist, ohne daß Wesentliches fehlte. Auch ich bin von ihr schon als Querdenker bezeichnet worden, was mir geschmeichelt hat und mich fast in jene geruhsame Selbstgerechtigkeit versetzt hätte, die Frau Dr. Hamm-Brücher so verdächtig ist. Deshalb muß ich diesen Begriff hinterfragen. Wenn ich also in mich hineinhorche und in mich hineinfrage, komme ich für meine Person jedenfalls zum Ergebnis, daß die Querdenker meistens denken, sie dächten gerade, während sie die anderen verdächtigen, quere Gedanken zu haben. Den überzeugten Querdenker kann auch eine große Mehrheit Andersdenkender von diesem Denken nicht abhalten: Er hält fest an seiner Meinung, so wie jener Geisterfahrer, der, als er im Radio den Hinweis der Polizei hörte, zwischen Köln und Bonn sei ein Geisterfahrer unterwegs, trocken erklärte: Was – einer? – Tausende! Auf jeden Fall ist der Umstand, daß die Gedanken eines Menschen anders sind als die Tausender, kein Beweis dafür, daß jener recht hat und die Tausende unrecht. Der erste Anschein spricht sogar dafür, daß eher die Tausenden recht haben, wenngleich nicht geleugnet werden kann, daß es Fälle gibt, in denen einer recht hatte und Millionen andere unrecht. Dies trifft zum Beispiel zu auf Einstein, Planck und, um wenigstens einen Geisteswissenschaftler zu nennen, auch auf Immanuel Kant. Es muß jedoch eingestanden werden, daß Menschen vom Range eines Einstein, Planck oder Kant verhältnismäßig selten sind. Aber lassen wir das. »Es kommt etwas in die Quere« und »es liegt etwas quer« bedeutet, daß ein Bestreben auf einen Widerstand stößt. Der Inhaber des Bestrebens ist darüber meist wenig erfreut. Die meisten Widerstände werden menschlichen Bestrebungen durch die Tatsachen geleistet. Deshalb neigen viele moderne Menschen, auch moderne Politiker, dazu, sich Gedanken und Bestrebungen zu widmen, die mit den Tatsachen möglichst wenig zu tun haben. Solche Neigungen finden Befriedigung in den höheren Ebenen der Politik und natürlich auch in den höheren Ebenen der Sozialwissenschaften. Dort kann eine Theorie sich lange behaupten, ohne jemals mit den Tatsachen in Berührung zu kommen. Und das bereitet einem Theoretiker viel Freude, weil er seine Theorie für um so richtiger hält, je weniger Kritik sie erfährt aus der Welt der Tatsachen.

Die kommunale Ebene ist die unterste Ebene der Politik. Sie wird deshalb als der Leitung und der Führung durch die höheren Ebenen für bedürftig angesehen. Sie ist auch besonderem Mißtrauen ausgesetzt. In diesem Mißtrauen kommt noch immer die mittelalterliche Unterscheidung zwischen der geistigen Welt und der realen Welt zum Ausdruck, von der erstere eher dem Himmel, letztere eher der Hölle zuzurechnen ist. Aber wie dem auch immer sei: Auf der kommunalen Ebene ist es weitaus schwerer, querliegenden Tatsachen auszuweichen, als auf der Landesebene, der Bundesebene, der europäischen Ebene und der Weltebene, vom Olymp der Wissenschaften ganz zu schweigen. Zwar bringen es auch auf der kommunalen Ebene manche Menschen fertig, Tatsachen nicht zur Kenntnis zu nehmen, und zwar um so mehr Menschen, je größer die Stadt ist, um die es geht. Der Mensch hat eine besondere Begabung, das, was er in seinem Kopf vorfindet, für wahrer anzusehen als das, was er mit den

Augen sehen könnte, wenn er sie aufmachte. Aber im ganzen genommen ist die Macht der Tatsachen auf kommunaler Ebene stärker. Die Kommunalpolitiker haben es nicht wie der Bund weithin mit Ländern und wie die Länder weithin mit Landkreisen, Städten und Gemeinden zu tun, sondern unmittelbar mit den Bürgern und mit den Problemen, die diese Bürger haben. Es heißt, daß Diktatoren Vertrauen organisieren, Demokratien aber Mißtrauen. Dieses Mißtrauen äußert sich auf der kommunalen Ebene nicht durch abstraktes Unbehagen, sondern durch konkrete Kritik an getroffenen oder unterlassenen Maßnahmen der Politiker.

Der Politiker auf der örtlichen Ebene kann sich seiner Theorien nicht so recht freuen, weil die Tatsachen und die auf diese jeweils Bezug nehmenden Bürger ständig diesen Theorien am Zeug flikken und den Theoretiker dazu zwingen, entweder sich in sich selbst von der äußeren Welt zurückzuziehen oder seine Theorie den Tatsachen anzupassen. Letzteres ist ein Verhalten, dessen sich niemand zu schämen braucht, weil es in etwa der Vorgehensweise der Naturwissenschaften entspricht, an deren Fortschritten sich nicht zweifeln läßt. Entscheidend ist freilich, daß der Wille zur Theorie bleibt, also zur Ausdeutung des Ganzen in allen Zusammenhängen. Die Notwendigkeit, die vielen neu erkannten Tatsachen in ein jeweils neues Bild des Ganzen einzuordnen, wird zwar im Prinzip anerkannt. Aber es besteht auch die Möglichkeit, diesem Prinzip dadurch zu entgehen, daß die Widerspruchsfreiheit nicht als Kriterium der Wahrheit anerkannt wird, sondern vielmehr Widersprüche als Rohmaterial dialektischen Denkens und als Initialzündungen dynamischen Philosophierens gutgeheißen werden. Aber solche Überlegungen anstellen heißt, die Flucht in die Undeutlichkeit antreten. Wenn wir die Wahrheit nicht sagen wollen und die Lüge scheuen, neigen wir ohnehin dazu, Undeutlichkeiten für ehrliche Auswege zu halten.

Es bleibt also festzuhalten: Auf der kommunalen Ebene sind die Verhältnisse besonders günstig für die Wahrnehmung von Tatsachen. Wenn der Geist dadurch zur Ruhe kommen will, daß er sich mit einem bequemen Vorurteil abfindet, wird er jeweils durch Tatsachen aufgescheucht. Das macht die Kommunalpolitik ungemütlich, aber auch erfolgreich.

Die Macht der Tatsachen weist zum Beispiel auf der kommunalen Ebene darauf hin, daß die im Prinzip richtigen Marktgesetze, wonach die Knappheit zur Ausweitung des Angebots führt, im Wohnungsbau nicht so recht funktionieren. Der Wohnungsbau setzt eben ein Baugrundstück voraus. Die Frage, wie viele Baugrundstücke erschlossen werden, beantwortet sich nicht nur aus der Knappheit, sondern auch aus ökologischen Gesichtspunkten. Ökologische Gesichtspunkte bewirken, daß Grundstücke knapp werden und daß die Preise für Bauland steigen. Der durch die Preissteigerung erzielte Wertgewinn muß nicht versteuert werden. Deshalb ist es für den Grundstückseigentümer ökonomisch von Vorteil, wenn er sein Grundstück behält, selbst wenn er es nicht bebauen will. So wird das Grundstück nicht auf dem Markt angeboten und trägt nicht dazu bei, daß sich die Bodenpreise senken. Die Tatsachen zeigen auch, daß eine im statistischen Durchschnitt nachweisbare Wohlhabenheit tatsächlich bittere konkrete Armut für Minderheiten bedeuten kann. Diese Armut wird schmerzlicher empfunden, wenn sich die Mehrheit eines hohen Lebensstandards erfreut.

Ein weiteres Beispiel: Die Einräumung des Rechtes an alle, die deutschen Boden betreten und Asyl fordern, in Deutschland mindestens so lange bleiben zu können, bis über ihren Anspruch auf Asyl rechtskräftig entschieden ist, scheint theoretisch eine Selbstverständlichkeit zu sein. Wer jedoch auf örtlicher Ebene Tag für Tag erlebt, wie schwer es den Kommunen fällt, für eine wachsende Zahl von Immigranten, die durch das Einwanderungsportal »Asyl« nach Deutschland kommen, konkrete Unterkünfte zu besorgen, der sieht die Theorie schon in einem anderen Licht. – Es ließen sich noch viele Beispiele dafür finden, wie die Theorie von der Praxis belehrt werden kann.

Die Verhältnisse, die in den staatssozialistischen Ländern herrschten, sind ein besonders abschreckendes Beispiel dafür, wie Bürgerferne und Praxisunlust zentraler Behörden zu einer Politik führen können, die sinnlos gegen Tatsachen anrennt und die sich gegen die Menschen wendet.

Die Entmachtung der örtlichen Instanzen und der Versuch, mit einer unrealistischen, sich stets selbst nährenden und bestätigenden abstrakten Theorie an den Tatsachen vorbeiregieren zu können, ist ein grundsätzlicher Fehler in den staatssozialistischen Ländern. So konnte es geschehen, daß so elementare und selbstverständliche Aufgaben wie die Unterhaltung von Gebäuden, Kanalnetzen, Strom- und Gasleitungen und Straßen über Jahrzehnte hinweg zugunsten von Neuinvestitionen vernachlässigt wurden. So erklärt sich auch, wie die Umweltschäden nicht zur Kenntnis genommen wurden und wie schließlich der Versuch unternommen wurde, diese Probleme durch das Verbot von Informationen der Bevölkerung aus der bürokratischen Welt zu schaffen. Angesichts solcher Erfahrungen sollte uns klar werden, wie wichtig es ist, daß das Volk auf örtlicher Ebene Macht und Einfluß hat und daß die politischen Aufgaben, soweit irgend vertretbar, auf diese örtliche Ebene verlagert werden. Je mehr Verantwortung von den Nationalstaaten auf europäische Institutionen übertragen wird, desto dringlicher ist es, daß die kommunale Selbstverwaltung gestärkt und ausgebaut wird. Die Forderungen aufgeklärter Bürger nach Mitwirkung in den öffentlichen Angelegenheiten lassen sich mit den auch im demokratischen Staat unbestreitbar notwendigen Ordnungsstrukturen am besten dadurch auf einen Nenner bringen, daß es erstens auf der örtlichen Ebene einflußreiche Volksvertretungen und Verwaltungen gibt und daß zweitens die Erfahrungen und Erkenntnisse der örtlichen Ebenen auch Eingang finden in die Politik der Länder, des Bundes und Europas. In der zuletzt genannten Hinsicht wäre noch vieles zu verbessern, was ich mir als langjähriger Präsident und Vizepräsident des Deutschen Städtetages anzumerken erlaube.

Auf der örtlichen Ebene wird das Ganze in seinen Zusammenhängen anschaulich. Das ist außerordentlich wichtig in der komplizierten modernen Welt, in der die Versuchung für den einzelnen besonders groß ist, auf die Sicht des Ganzen zu verzichten. Ein solcher Verzicht bedeutet aber einen Verzicht auf Wahrheit, denn – in dieser Hinsicht hat mein Stuttgarter Landsmann Hegel recht – die Wahrheit liegt nun einmal im Ganzen. Er bedeutet auch einen Verzicht auf Mündigkeit. Vielfach schleicht sich der Irrglaube ein, der mündige Bürger sei derjenige Bürger, der den Mund aufmacht und das, was er will, deutlich ausspricht. Diese Art mündiger Bürger findet ihre Ergänzung in dem Politiker, der seine Politik mundgerecht verkauft, das heißt, der dem Bürger nach dem Mund redet, oder noch gröber: sich anbiedert. Der Bürger ist gewiß Kunde der Politik, er ist aber auch mithaftender Gesellschafter des ganzen Unternehmens.

Immanuel Kant fordert in seinem kategorischen Imperativ, daß jeder so handeln solle, daß sein Handeln Grundlage einer allgemeinen Gesetzgebung sein könnte. Das Handeln im Sinne dieses kategorischen Imperativs ist Mündigkeit und wahre Bürgergesinnung. Diese Bürgergesinnung ist noch in breiten Schichten unseres Volkes vorhanden. So muß es auch in der Zukunft bleiben, wenn die Demokratie Bestand haben soll.

Das setzt aber Politiker voraus, die die Einsicht in die großen Zusammenhänge vermitteln können, also: die Einsicht in die Zusammenhänge zwischen Wirtschaftskraft und sozialem Niveau, aber auch in der umgekehrten Richtung zwischen sozialem Niveau und Wirtschaftskraft. Die Einsicht in die Zusammenhänge zwischen Ökologie und Standortgunst, aber auch umgekehrt zwischen Standortgunst und der Chance, die ökologischen Notwendigkeiten mit den sozialen Erfordernissen zu versöhnen. Die Pflege von Bürgertugenden gelingt am wirksamsten auf örtlicher Ebene, wo alles unmittelbar sichtbar, faßbar, anschaulich wird, ohne von Medien vermittelt zu werden. Im Interesse der Freiheit der Menschen ist es notwendig, daß die kommunale Selbstverwaltung bleibt und daß sie nicht geopfert wird auf dem falschen Altar, vor dem die großen Ängste, die großen Illusionen und die großen Werte angebetet werden.

RENATE SCHMIDT

Frauenpolitik in Vergangenheit und Zukunft

I

Die Gleichberechtigung von Männern und Frauen ist vor über 40 Jahren im Grundgesetz festgeschrieben worden. Seitdem hat sich an der Lebenssituation von Frauen zwar einiges geändert. Von einer echten Gleichstellung kann jedoch noch lange nicht die Rede sein. Der Gleichberechtigungssatz wurde nur teilweise durch Gesetze ausgefüllt. Zum großen Teil waren diese frauenpolitischen Reformen erst auf erheblichen gesellschaftlichen und politischen Druck möglich. Einen entscheidenden Anstoß zu den Veränderungen hat die aus der Studentenbewegung Ende der sechziger Jahre entstandene Frauenbewegung gegeben.

Hildegard Hamm-Brücher hat diese Veränderungen miterlebt. Sie hat zu einer Zeit studiert, als für Mädchen ein Universitätsstudium noch die Ausnahme war, und das erst recht in einer naturwissenschaftlichen Fachrichtung wie ihrem Studium, der Chemie. Auch als Frau Hamm-Brücher 1947 in den Münchener Stadtrat eintrat, waren Frauen in der Politik noch eine Seltenheit. In der Regel bedeutete das Leben der Frauen: Haushaltsführung und Kindererziehung. Für das Leben draußen, das Geldverdienen und die gesellschaftlichen und politischen Entscheidungen, war der Mann zuständig. Frauen nahmen eine Berufstätigkeit meist nur dann auf, wenn sie »hinzuverdienen« mußten, um das Familieneinkommen aufzubessern. Und selbst das war nicht ihre eigene Entscheidung, sondern der Mann konnte sie an einer Erwerbstätigkeit hindern, wenn er sein damals rechtlich notwendiges Einverständnis verweigerte.

Wie wichtig hier Veränderungen waren, hat Frau Hamm-Brücher schon früh erkannt. Sie hat deshalb bereits in den fünfziger Jahren gefordert, daß mehr Frauen in die Politik müssen. In ihrem jahrzehntelangen bildungspolitischen Engagement hat sie sich für eine Chancengleichheit in der Bildung und Ausbildung eingesetzt, eine Chancengleichheit für alle, d. h. Kinder aus armen und reichen Familien und Mädchen und Jungen.

II

Auf rechtlicher Ebene sind die Benachteiligungen von Frauen in den vergangenen Legislaturperioden durch eine Reihe von Gesetzen abgebaut worden. Während das sogenannte Gleichberechtigungsgesetz aus dem Jahre 1957 noch die »klassische Hausfrauenehe« festgeschrieben hatte, wonach die Frau ihre Pflichten zum Unterhalt der Familie durch ihre Haushaltsführung und der Mann durch eine außerhäusliche berufliche Tätigkeit erfüllt, ist dieses Leitbild durch die Ehe- und Familienrechtsreform der sozialliberalen Koalition im Jahre 1977 revidiert worden. Gesetzlich gilt heute das Partnerschaftsprinzip. Die Rollen werden nicht mehr durch den Gesetzgeber festgelegt. Der Scheidungsrichter braucht und darf nicht mehr in die intimen Verhältnisse der Ehegatten eindringen, um die/den Schuldige/n zu finden. Häufig unerträgliche Abhängigkeiten des wirtschaftlich Schwächeren – in der Regel der Frau – sind durch die Reform des Ehe- und Scheidungsrecht sowie die Einführung des Versorgungsausgleichs jedenfalls teilweise beseitigt worden.

1971 wurde mit der Verabschiedung des Bundesausbildungsförderungsgesetzes die Chancengleichheit bei der Ausbildung im schulischen und Universitätsbereich durch die Gewährung von Unterhalts- und Ausbildungszuschüssen erhöht. Hierdurch wurden auch Frauen bessere Ausbildungschancen eröffnet. Es ist allerdings sehr bedauerlich, daß die BAföG-Leistungen in den letzten Jahren wieder zurückgenommen wurden und heute noch nicht der Bedürfnislage von Studenten und Studentinnen entsprechen.

Durch die Schaffung des Ausbildungsförderungsgesetzes 1969 wurde die Förderung der beruflichen Bildung eingeführt, die auch Frauen zugute kam. Leider sind aber auch hier im Laufe einer Reihe von Novellierungen dieses Gesetzes Leistungen wieder rückgängig gemacht worden, wodurch gerade Frauen betroffen sind.

Die Unterbrechung einer Erwerbstätigkeit wegen Schwangerschaft wurde 1968 durch das Mutterschutzgesetz eingeführt. Diese Fristen von sechs Wochen vor und acht Wochen nach der Geburt eines Kindes wurden durch das Gesetz zur Einführung eines Mutterschaftsurlaubs im Jahre 1979 und das Bundeserziehungsgeldgesetz von 1986 um die Möglichkeit eines Elternurlaubs mit Erziehungsgeld ergänzt. Aufgrund der letzten Änderung vom Juli 1989 beträgt der Urlaub für Mütter und Väter jetzt 18 Monate. Dies und das Erziehungsgeld von 600 DM haben allerdings keine Veränderung der Rollenaufteilung innerhalb der Familie bewirkt.

Der Deutsche Bundestag hat mit der Enquête-Kommission »Frau und Gesellschaft« einen wichtigen Beitrag zur Analyse der Situation von Frauen und zur Feststellung politischen Handlungsbedarfs für die Gleichstellung von Frauen geleistet. Die Kommission, die im November 1973 mit den Stimmen aller Fraktionen eingesetzt wurde, hat in ihrem Abschlußbericht 1980 eine Reihe von Empfehlungen für die Aufhebung der Benachteiligung von Mädchen und Frauen in der beruflichen Bildung und auf dem Arbeitsmarkt, für die Schaffung der Voraussetzungen einer Wahlfreiheit von Frauen und Männern bei der Verteilung ihrer Aufgaben in Familie, Gesellschaft und Beruf ausgesprochen. Sie hat wichtige Vorschläge für die Durchsetzung der Gleichberechtigung erarbeitet. Auch zehn Jahre nach Abschluß der Kommissionsarbeiten fehlt es allerdings noch in vielen Bereichen an einer wirksamen Umsetzung dieser Empfehlungen und Vorschläge.

III

Hildegard Hamm-Brücher sagte in einer Landtagsdebatte 1966 sehr treffend, daß Chancengleichheit im Bildungsbereich erst dann vollzogen sei, »wenn auch die dummen Kinder der reichen

Eltern auf der Volksschule verbleiben«. Ich denke, diese Aussage ließe sich frauenpolitisch noch um folgendes ergänzen: »Wirkliche Chancengleichheit wird es erst dann geben, wenn nicht nur eine kleine Minderheit höchstqualifizierter Frauen Chancen für eine berufliche oder politische Karriere haben, während bei den Männern schon Durchschnittlichkeit reicht.«

Hildegard Hamm-Brücher ist diesem Thema während ihrer gesamten Politikerinnen-Laufbahn treu geblieben. Sie war meine kritische Beobachterin, als ich Berichterstatterin für BAföG noch zu Zeiten der sozialliberalen Koalition war und die ersten Kürzungen anstanden. Sie hat unsere Kritik am BAföG-Kahlschlag des Jahres 1983 geteilt und bis in die letzten Monate ihres Parlamentarierinnen-Daseins auch ihre Parteifreunde, wie den Bildungsminister Möllemann, »genervt« mit Fragen, ob er es nicht unerträglich finde, daß der Anteil der Arbeiterkinder mit acht Prozent an den Hochschulen so niedrig wie nie seit den siebziger Jahren ist, und was er dagegen zu tun gedenke.

Soweit wie es sich Hildegard Hamm-Brücher mit der Chancengleichheit im Bildungswesen und den Karrieremöglichkeiten vorgestellt hat, sind wir jedoch auch nach 40 Jahren des Grundgesetzes und Grundrechtes auf Gleichberechtigung nicht. Heute sind zwar die Hälfte aller Abiturienten weiblich, doch nehmen immer weniger Abiturientinnen ihre Qualifizierungschancen an Hochschulen und Universitäten wahr (unter 40 Prozent). Denn viele stellen sich noch immer die Frage: Lohnt sich ein Hochschulstudium und die damit verbundenen Kosten, wenn Frau Dipl. ... oder Frau Dr. ... schon bald nach Abschluß der Hochschulausbildung sich allein um die Kinderbetreuung und den Haushalt der Familie zu kümmern hat? Zudem haben es Frauen noch immer schwerer – auch bei entsprechender Qualifikation –, in gehobene Posten eingestellt zu werden. Die Benachteiligung von Frauen setzt sich beim beruflichen Aufstieg fort. Die Ebene der Führungs-, Entscheidungs- und Spitzenpositionen ist weitgehend ein Männerreservoir. Unter 52000 Führungskräften im Unternehmensbereich sind nur 2000 Frauen (vier Prozent) zu finden. Und im öffentlichen Dienst sieht es nicht besser aus. Im Bundesdienst beträgt zwar der Frauenanteil heute bereits mehr als ein Viertel, er liegt aber im höheren Dienst noch immer unter zehn Prozent. Und je höher es die Karriereleiter hinaufgeht, desto geringer wird der Frauenanteil.

Qualifizierte Arbeitsplätze werden in der Zukunft eine immer größere Rolle spielen. Gerade in der Bundesrepublik als großer Industrie- und Exportnation ist Qualifizierung immer wichtiger. Ihr wird mit dem zunehmenden Wettbewerb infolge der Vollendung des Europäischen Binnenmarktes ein noch größerer Stellenwert zukommen. Qualifizierte Arbeitsplätze werden mehr und mehr ungelernte und angelernte Tätigkeiten verdrängen. Sogenannte typische Frauenarbeitsplätze wie z. B. Bürohilfskraft sind neben der schlechteren Entlohnung in höherem Maße von Rationalisierung bedroht.

Frauen verdienen weniger als Männer: Das Durchschnittseinkommen eines Arbeiters beträgt 43000 DM, das der Arbeiterin dagegen nur 30000 DM. Frau Hamm-Brücher hat auf diese Gleichberechtigungsdefizite schon 1972 in einer Rede zum liberalen Familientag hingewiesen und den politischen Handlungsbedarf herausgestellt. Einige Zitate:

> »Die Schlechterbezahlung von Frauen ist ein unrühmlicher Mißstand. Wir fordern deshalb die Überprüfung der Leichtlohngruppen, notfalls auch ein Enquête-Gesetz der Bundesregierung. Eine wissenschaftlich gestützte Wertung der Arbeitsplätze muß die Kriterien neu bestimmen, nach denen eine Arbeit als leicht oder schwer gilt...
> Aber bessere Bezahlung, bessere Bildung und Weiterbildung reichen für die Chancengleichheit der Frau im Beruf nicht aus. Auch ihre Aufstiegsmöglichkeiten müssen verbessert werden. Wenn eine Frau die gleiche Vorbildung hat, aber bei der Beförderung stets vergessen wird, so ist es eben kein Wunder, daß es so wenig Frauen in höheren Positionen gibt...
> Das alte Rollenbild muß endlich überwunden werden, d. h., zunächst den Frauen den Weg zur Ausbildung und Beruf auch über die gesetzlich vorhandenen Möglichkeiten hinaus zu erleichtern. D. h. aber auch, daß der Mann in Familie und Kindererziehung wieder die Verantwortung

> übernimmt, die ihm im Sinne des Wortes Familie eigentlich zukommt... Nicht nur auf formale Rechte kommt es uns dabei an, sondern auf die konkreten sozialen Chancen, die Männern und Frauen offenstehen... Die anachronistische Schilderung der Frau muß korrigiert werden. Auch die Lehrbücher müssen dem Rechnung tragen. Die Frau muß hier in ihrer gesamtgesellschaftlichen Verantwortung realistisch dargestellt werden...
> Dies sind konkrete Hinweise auf das weite Arbeitsfeld, das noch vor uns liegt. Es sind zugleich Wegweiser für den Bereich unserer Wirklichkeit, in dem das Grundgesetz noch nicht erfüllt ist. Ich bin davon überzeugt, daß die Verwirklichung dieses Ziels eine freiere und menschenwürdige Ordnung für alle schafft. Die unsichtbaren Gitter, in denen jahrhundertalte Vorurteile den Handlungsraum der Geschlechter getrennt haben, müssen fallen...«

Diese Ausführungen treffen noch heute zu. In den vergangenen Legislaturperioden ist es noch nicht gelungen, eine aktive Frauenförderung im Bundestag durchzusetzen. In der EG wurde zwar 1976 eine Richtlinie gegen die berufliche Benachteiligung von Frauen verabschiedet. Das daraufhin im Jahre 1980 vom Bundestag verabschiedete arbeitsrechtliche EG-Anpassungsgesetz ist aber nicht mit den notwendigen Rechten für Frauen versehen worden, die ein wirksames Vorgehen gegen Benachteiligungen und eine Gleichstellung von Frauen ermöglicht hätten.

Der Arbeitskreis für die Gleichstellung von Frau und Mann der SPD-Bundestagsfraktion hat ein Gleichstellungsgesetz entworfen, mit dem eine wirkliche Gleichstellung von Frau und Mann im Berufsleben herbeigeführt werden soll. Der Gesetzentwurf, der allerdings im Bundestag bisher nicht durchgesetzt werden konnte, legt fest, daß tatsächlich bestehende Chancenungleichheiten auszugleichen und Abreden, die das Recht der Frauen auf Gleichstellung einschränken können, nichtig sind. Frauenförderung wird verbindlich eingeführt: Frauen haben bei gleicher Qualifikation wie ein männlicher Mitbewerber das Recht auf bevorzugte Einstellung und Beförderung im öffentlichen Dienst. In der Privatwirtschaft sollen öffentliche Aufträge und sonstige öffentliche Leistungen nur an Unternehmen vergeben werden, die Frauenförderprogramme eingeführt haben. Unmittelbare und mittelbare Benachteiligungen von Frauen im Berufsleben werden verboten und berechtigen die betroffenen Frauen zu erheblichen Schadensersatzansprüchen.

Dies sind nur einige Kernpunkte des Gesetzentwurfs. Er ist ein Stützpfeiler für eine wirksame Gleichstellungspolitik. Ein weiterer Stützpfeiler sind Vorschläge zur Vereinbarkeit von Familie und Beruf. Alle Maßnahmen müssen darauf gerichtet sein, daß Hausarbeit und Erwerbstätigkeit gleichmäßig zwischen Mann und Frau verteilt werden.

IV

Hildegard Hamm-Brücher hat einmal von dem »Mut zu kleinen Utopien« gesprochen, mit dem der Weg in die Zukunft gepflastert ist. Diesen Mut braucht Frauenpolitik, wenn Chancengleichheit für Frauen nicht auf alle Zukunft Utopie bleiben soll.

Ein Mittel zur Verwirklichung dieser Utopie hat Frau Hamm-Brücher durch die Initiative zu einer überfraktionellen parlamentarischen Frauenaktion gewiesen. Aufgrund ihrer Erfahrungen als Staatsministerin im Auswärtigen Amt, die sie bei Reisen in viele Länder der Dritten Welt sammeln konnte, war Frau Hamm-Brücher besonders mit den Problemen für Frauen dieser Länder vertraut. Sie wußte um das Schicksal und das besondere Leid, das Frauen in Diktaturen durch Menschenrechtsverletzungen ertragen. Sie wollte der Öffentlichkeit bewußt machen, daß Frauen »doppelt verfolgt« sind: Als faktische oder vermeintliche Gegnerinnen des jeweiligen politischen Systems oder als Angehörige verfolgter, sozialer und kultureller Gruppen sind sie während Verhören, Polizeigewahrsam und Haft oft auch Opfer sexistischer Erniedrigung, sexueller Übergriffe und Vergewaltigung. Die internationale Gemeinschaft und die Bundesrepublik sollten dies nicht länger schweigend hinnehmen. Auch der Menschenhandel mit Frauen und der Prostitutionstourismus in Länder der Dritten Welt, durch die Mädchen und Frauen entwürdigt und ihrer sexuellen Selbstbestimmung beraubt werden, sollte nicht länger geduldet werden.

Frau Hamm-Brücher gelang es, die Frauen aller Bundestagsfraktionen im März 1988 zu einer gemeinsamen Großen Anfrage an die Bundesregierung zusammenzubringen. Danach stellten die beteiligten Frauen einen gemeinsamen Entschließungsantrag mit konkreten politischen Forderungen gegen die Verletzung der Menschenrechte von Frauen. Der Antrag ist nach einer Menschenrechtsdebatte vom Deutschen Bundestag im Herbst 1990 verabschiedet worden.

Mit dieser Initiative hat Frau Hamm-Brücher die weiblichen Abgeordneten des Bundestages einander nähergebracht. Ich habe mit ihr in engem Kontakt gestanden und empfand die Zusammenarbeit mit ihr als eine fruchtbare Erfahrung, wie Frauensolidarität über Parteigrenzen hinweg erreicht und zum Erfolg werden kann. Sie war ein wichtiger Beitrag zu den Zielsetzungen der Weltfrauenkonferenzen der Vereinten Nationen in Kopenhagen und Nairobi von 1980 und 1985.

Hiermit hat Frau Hamm-Brücher für weitere überfraktionelle Initiativen der Parlamentarierinnen des Bundestages ein entscheidendes Vorbild gegeben. Diesem Beispiel folgten weitere gemeinsame Aktionen, insbesondere zur Hilfe von Frauen, die von Menschenhändlern in die Bundesrepublik gebracht und hier im Prostitutionsgewerbe ausgebeutet werden. Eine Zusammenarbeit von Frauen aller Fraktionen nach ihrem Beispiel führte auch im Bereich der Darstellung von Kindern in pornographischen Erzeugnissen im Jahre 1990 zu einer Reform.

V

Frauenpolitisch bleibt noch sehr viel zu tun. Die Vereinigung mit der DDR stellt Frauenpolitikerinnen vor neue Probleme. Während Frauen in dem ehemaligen Gebiet der DDR zu über 90 Prozent berufstätig waren und dies durch eine bedarfsdeckende Versorgung mit Kindergärten und -krippen sowie andere Maßnahmen zur Vereinbarung von Familie und Beruf gewährleistet war, werden jetzt immer mehr Frauen dort arbeitslos. Ihr Anteil an der Arbeitslosigkeit ist überproportional hoch, und durch die Schließung von Kindergärten und -krippen besteht die Gefahr, daß sich diese Situation verfestigt. Auch hier wird es in der Zukunft darauf ankommen, daß Frauen innerhalb ihrer Parteien und Fraktionen und über die Grenzen der Parteien und Fraktionen hinweg solidarisch sind. Wie wichtig eine derartige Solidarität ist, hat Frau Hamm-Brücher schon am Anfang ihrer politischen Laufbahn erlebt. Sie berichtete, daß die »Frauenriege« im Münchner Stadtrat, bestehend aus SPD-, CSU- und FDP-Frauen,wie »Pech und Schwefel« zusammenhielt und aufgrund ihrer gemeinsamen Anstrengungen erhebliche Fortschritte erreichen konnte.

Heute bestehen dafür noch größere Chancen, denn die Zahl der Politikerinnen und weiblichen Bundestagsabgeordneten ist größer geworden. Die Frauen in der Politik sollten diese Chance nutzen, um eine wirkliche Gleichstellung von Frau und Mann und die Gewährleistung des Selbstbestimmungsrechts von Frauen durchzusetzen. Noch erlaubt der § 177 StGB die Vergewaltigung von Frauen durch ihre Ehemänner; noch gibt es den § 218, der Frauen, die eine Schwangerschaft abbrechen wollen, ein demütigendes Verfahren aufzwingt und sie, sofern bestimmte Indikationen nicht vorliegen, mit Strafe bedroht. Es gibt noch viel zu tun – packen wir's an! Der Rat und die Unterstützung von Hildegard Hamm-Brücher wird über Parteigrenzen hinweg weiter gefragt sein.

Hans-Jochen Vogel

Der Umgang mit dem politischen Gegner

I

Der Herausgeber dieser Festschrift hat mich eingeladen, mich in einem Beitrag zum Umgang der Jubilarin mit dem politischen Gegner zu äußern. Das will ich gerne tun, schon aus Sympathie für die Jubilarin und aus Respekt vor dem Herausgeber. Allerdings kann ich das Thema kaum aus eigener Erfahrung behandeln. Denn Frau Hamm-Brücher und ich sind seit unserer ersten Begegnung im Jahre 1955 nie Gegner, sondern stets Weggefährten gewesen. Weggefährten, die ungeachtet gelegentlicher Meinungsverschiedenheiten in wichtigen Feldern der Politik weitgehend übereinstimmten und das auch zum Ausdruck brachten. Das gilt auch für die Jahre seit 1982, in der Frau Hamm-Brücher als FDP-Bundestagsabgeordnete zur Regierungskoalition zählte, während ich an der Spitze der stärksten Oppositionspartei stand.

Ich kann mich also nur als Beobachter äußern. Zudem als ein Beobachter, der aus seiner Hochachtung für die Jubilarin nie einen Hehl gemacht hat und sie für eine der profiliertesten deutschen Politikerinnen der Zeit nach 1945 hält. Jedenfalls für eine der profiliertesten parlamentarischen Einzelkämpferinnen. Denn bei allen Verdiensten, die sie sich sicher auch als Mitglied der Exekutive – etwa als Staatsministerin im Auswärtigen Amt um die auswärtige Kulturpolitik und vorher als Staatssekretärin im hessischen Kultusministerium sowie im Bundesministerium für Bildung und Wissenschaft um das Bildungswesen – erworben hat, lag hier im parlamentarischen Bereich ihre eigentliche Stärke.

II

Im Parlament – zunächst insgesamt 22 Jahre im Bayerischen Landtag und dann seit 1976 im Bundestag – hat sich Frau Hamm-Brücher immer wieder mit all der Leidenschaft, deren sie fähig ist, engagiert. Still dabeizusitzen, sich in Routinearbeit zu verzehren oder zu warten, bis sie von ihrer Partei oder Fraktion aufgefordert wurde, das Wort zu nehmen – das war ihre Sache nicht. Sie äußerte sich spontan, furchtlos und glaubwürdig, wann immer sie der Überzeugung war, daß sie gefordert sei. Dabei ging und geht es ihr primär darum, für etwas einzutreten, etwas zu verändern. Das »Gegen« und damit die Gegnerschaft ergibt sich dann erst als Folge dessen, wofür sie kämpft. Für eine Gegnerschaft a priori oder eine verordnete Gegnerschaft war und ist sie nicht zu haben. Deshalb muß man die Themen ihrer politischen Arbeit nennen, wenn man herausfinden will, wer ihre politischen Gegner sind oder waren und wie sie mit ihnen umgeht.

Nach meinem Eindruck waren im Parlament

- die Auseinandersetzung mit NS-Gewaltherrschaft und der Abbau von Feindbildern im nationalen und internationalen Bereich,
- die Festigung der Demokratie und
- die Bildungsreform

die Hauptfelder ihres Engagements.

Die Ursachen und die Folgen der NS-Gewaltherrschaft und die Auseinandersetzung mit diesem dunkelsten Kapitel unserer Geschichte haben sie auch deshalb so intensiv beschäftigt, weil ihre eigene Familie unter der Verfolgung der damaligen Machthaber gelitten hat und sie selbst mit den Geschwistern Scholl vor deren Verhaftung und Hinrichtung in Kontakt stand. Sie wußte also auch ganz persönlich, wovon da die Rede war.

Der Abbau von Feindbildern und die Verhinderung ihrer Neuentstehung ist ihr auf diesem Hintergrund wichtig. Aber auch deshalb, »weil dadurch Widersprüche und Konflikte leichter aushaltbar werden; weil man dem andern eine Chance gibt, sich zu verändern, wenn man selbst bereit ist, sich in Frage stellen zu lassen«. So hat sie es selber 1987 in einem bemerkenswerten Referat vor dem evangelischen Kirchentag in Frankfurt formuliert.

Demokratie und Parlamentarismus sieht Frau Hamm-Brücher nicht in erster Linie als einen Inbegriff von Rechtsnormen und Verfahrensregeln, so wichtig ihr die Einhaltung bestimmter Spielregeln und vor allem die Grundrechte auch sind. Ihr geht es mehr noch um die Wertorientierung des einzelnen Bürgers und die Förderung seiner Eigenverantwortung und Zivilcourage, um die politische Kultur und um die endgültige Überwindung aller obrigkeitsstaatlichen Relikte. Die politische Kultur sieht sie dabei insbesondere von dem täglichen Umgang der Parteien mit der Macht bestimmt, aber auch gefährdet.

Die Bildungspolitik schließlich liegt ihr am Herzen, weil sie in einem erneuerten Bildungssystem den Schlüssel für die Überwindung obrigkeitsstaatlicher Gesellschaftsstrukturen und für die endgültige Verwurzelung der Demokratie als Lebensform sieht.

Nicht zufällig stimmt dieses Spektrum auch mit dem Spektrum der Zwecke überein, die die Theodor-Heuss-Preis-Stiftung verfolgt und für deren Förderung die Stiftung alljährlich Preise verleiht, die sich großen Ansehens erfreuen. Denn diese Stiftung verdankt ihre Entstehung und ihre Entwicklung sehr weitgehend den Impulsen der Jubilarin und ihrer Beharrlichkeit. In gewissem Sinne ist die Stiftung so die außerparlamentarische Verkörperung der Brücherschen Aktivitäten.

III

Soweit das Brüchersche »Für«. Politische Gegner sind auf diesem Hintergrund für sie nicht so sehr die anderen Parteien, mit denen ihre Partei im Wettstreit steht. Ihre Gegner sind vielmehr die Personen oder personellen Strukturen, die den von ihr gewünschten Veränderungen entgegentreten, ihnen im Wege sind oder sich einfach gleichgültig verhalten. Und die sieht sie dann durchaus auch in den Reihen ihrer eigenen Partei und der Koalition, der sie angehört, während sie gleichzeitig Verbündete in anderen Parteien ohne Umschweife akzeptiert.

Ein Musterbeispiel dafür aus jüngerer Zeit sind ihre Bemühungen um die Parlamentsreform, insbesondere um die Stärkung der Position des einzelnen Abgeordneten. In ihrer entsprechenden Initiative vereinigte sie Mitglieder aller Fraktionen gegen diejenigen, die sie für die Kräfte des Status quo und des Parlamentsestablishments hält.

In guter Erinnerung ist auch ihr mutiges Engagement gegen die sogenannte Wende im Jahre 1982 und gegen den Versuch einer Parteispendenamnestie. In beiden Fällen richtete sich ihre Kritik vor allem gegen ihre eigenen Parteifreunde, denen sie schwere Verstöße gegen die politische Moral vorwarf. Beide Male auch handelte es sich um eklatante Beispiele für die Tapferkeit vor dem »Freunde«, die ihr unter Berufung auf eine Äußerung von Ingeborg Bachmann wichtiger und notwendiger erscheint als die »Tapferkeit vor dem Feinde«. Übrigens gehört die Rede, die sie in jener dramatischen Bundestagssitzung vom 1. Oktober 1982 gegen den Mißtrauensantrag hielt und die Herrn Geißler zu einem schlimmen Ausfall veranlaßte, für mich zu einer der Sternstunden des Parlaments.

Als ihre Gegner betrachtete Frau Hamm-Brücher von Anfang an in besonderer Weise diejenigen, die die Erinnerung an die nationalsozialistischen Verbrechen zu verdrängen, ihre Einmaligkeit zu leugnen oder nach 1945 wieder politischen Einfluß zu nehmen suchten, obwohl sie vor 1945 der Gewaltherrschaft gedient hatten. Ihre harten Kontroversen mit dem seinerzeitigen bayerischen Kultusminister Maunz, zu dessen Sturz sie nicht unwesentlich beitrug, hatten hier ebenso ihre Wurzeln wie ihre empörte Reaktion auf die Geißlersche Behauptung, der Pazifismus der dreißiger Jahre habe Auschwitz erst möglich gemacht.

Die Liste solcher Gegnerschaften ließe sich mühelos verlängern. Etwa um die Gegnerschaft, die sie in vielen Fragen mit Franz-Josef Strauß verband. Oder die Kontroverse mit Herrn Kohl hinsichtlich der Endgültigkeit der polnischen Westgrenze. Und um die Auseinandersetzungen, die sie bis zuletzt mit Parteifreunden führte, die ihren Anforderungen nicht gerecht wurden.

Eine Ausnahme bestätigt die Regel. Dies sind die schweren Konflikte, die Frau Brücher im Bayerischen Landtag in den späten fünfziger und den frühen sechziger Jahren um die Bildungsreform austrug. Die waren durchaus parteibezogen, und zwar auf die CSU, die damals auf diesem Felde von klerikal-konservativen Kräften im Geiste Alois Hundhammers geprägt war.

IV

Wie sie mit all diesen Gegnern umging? So wie sie das selber immer wieder postulierte – nämlich klar, deutlich und direkt und durchaus pointiert, auch mit Freude an zugespitzten Formulierungen. Da war dann in bezug auf den Gegner auch schon einmal von unerschütterlicher Selbstgerechtigkeit, Flucht in die Aufrechnerei, Aufzucht einer Wagenburgmentalität, Verteufelung Andersdenkender und Anspruch auf den alleinigen Besitz der Wahrheit die Rede. Aber auch bei scharfen Auseinandersetzungen bewegte sie sich stets im Rahmen der Fairneß und der Achtung der Integrität des jeweiligen Kontrahenten. Dabei wußte und weiß Frau Hamm-Brücher durchaus auf dem Klavier der öffentlichen Meinung zu spielen. Und sich gerade durch die Betonung ihrer Unabhängigkeit und ihrer Position als Einzelkämpferin öffentliche Zustimmung zu verschaffen. Auch als erfolgreiche Wahlkämpferin hat sie dies mehr als einmal unter Beweis gestellt. Daß dabei Gegnerschaft zur intensiven Abneigung wurde, habe ich gelegentlich beobachtet – auch auf ihrer Seite. Daß sie die Gegnerschaft zur Feindschaft eskalieren ließ, nie. Umgekehrt ließ es insbesondere die bayerische CSU ihr gegenüber an Aggressivität und an Repressionen, wie sie einer machtbewußten Mehrheitspartei zu Gebote stehen, nicht fehlen.

Mit uns Sozialdemokraten als Partei war Frau Hamm-Brücher bei aller partieller Übereinstimmung nicht immer zufrieden. Manches ging ihr da – jedenfalls in früherer Zeit – zu geordnet und mitunter auch zu schwerfällig zu. Auch gab es manchmal Meinungsverschiedenheiten darüber, wer eine Reform am frühesten und am entschiedensten angepackt hat. Außerdem hat sie einmal auf die Frage, warum sie sich 1948 der FDP und nicht der SPD angeschlossen hat, geantwortet, daß ihr als »Bürgermädchen« damals die Sozialdemokratie viel zu fern gelegen habe. Ich bin mir nicht ganz sicher, ob sie sich heute ebenso entscheiden würde, wenn sie noch einmal zu wählen hätte.

Aber das ist im Grunde auch gar nicht mehr wichtig. Wichtig ist, daß eine Hildegard Hamm-Brücher ihren unverwechselbaren Beitrag geleistet hat und ihre Hände auch künftig nicht in den Schoß legt. Das erhoffen ihre Freunde und bestimmt auch die Einsichtigen unter ihren politischen Gegnern.

Alois Graf von Waldburg-Zeil

Zwei gleichbedeutende Bezeichnungen: Hamm-Brücher und die interfraktionelle Arbeitsgruppe für Parlamentsreform

Eigentlich waren es zwei gleichbedeutende Bezeichnungen: Frau Dr. Hildegard Hamm-Brücher, MdB, und die interfraktionelle Arbeitsgruppe für Parlamentsreform. Die Initiative war die ihre vom Beginn bis zum vorläufigen Abschluß. Vorläufig deshalb, weil Parlamentsreform niemals ein abgeschlossenes Kapitel, sondern immer ein Prozeß ist. Herausstellen muß sich allerdings noch, ob und wie der Prozeß weiterläuft ohne seine eigentliche Bewegerin.

Als einer, der die Arbeit der interfraktionellen Gruppe aktiv begleiten durfte, möchte ich gerne anläßlich des 70. Geburtstages der Initiatorin zu einigen Schwerpunkten der Arbeit Stellung nehmen. Notwendige Hinweise auf Chronologie, Sitzungen und Quellen seien in den Anhang verbannt.

Eine überfraktionelle Initiative zur Parlamentsreform ins Leben zu rufen [1] ist etwas anderes, als sie am Leben zu erhalten. Wenn man nach der Zahl [2] derer auf die Bedeutung der Initiative hätte schließen wollen, die bereit waren, mitzumachen, wäre die Parlamentsreform wohl eine der bedeutendsten interfraktionellen Initiativen überhaupt gewesen.

Tatsächlich war der Kreis derer, die wirklich mitgearbeitet haben [3], relativ bescheiden. Der Rahmen war meist ein Arbeitsfrühstück [4] am Freitag, zu dem die Vorsitzende immer rechtzeitig einlud. Anläßlich dieser Frühstücke, bei denen die Letzten ankamen, wenn die Ersten wieder davonstürmten, wurden die zahllosen Einzelvorschläge erörtert, aus denen sich die parlamentarischen Anfragen [5] ergaben, wurden die Arbeitsgruppen gebildet [6], die sich mit Einzelthemen befaßten, und es wurden die parlamentarischen Debatten zur Parlamentsreform vorbereitet [7].

Den breitesten Raum in der Diskussion nahm naturgemäß die Frage ein, wie die Rechte der einzelnen Abgeordneten gestärkt werden könnten, wie das Gewicht des Parlamentes der Exekutive gegenüber zu erhöhen sei und wie schließlich die Parlamentsdebatten lebendiger werden sollten. Daneben spielten aber auch, vor allem im Zusammenhang mit den gebildeten Unterarbeitsgruppen, die Fragen eine entscheidende Rolle, wie das Verhältnis von Bürgerinnen und Bürgern zum Parlament verbessert werden könnte. Dabei lag ein Schwerpunkt auf der Beschäftigung mit den Besuchergruppen im Deutschen Bundestag[8]. Ein von der Arbeitsgruppe entworfener Fragebogen sollte eine Rückmeldung erlauben über die in Bonn gewonnenen Eindrücke[9]. Umgekehrt wurde auch diskutiert, wie der Debattenstil auf die Zuhörer wirke; gerade bei Jugendlichen führt der traditionelle parlamentarische Debattenstil in Rede und Widerrede oft zu dem Eindruck: »Entweder lügt der eine oder der andere, oder alle beide«. Aus meiner Sicht war die vielleicht wichtigste Anregung aus dem Arbeitskreis eine Art Selbstverpflichtung, argumentativ zu debattieren, also in der guten Tradition der Scholastik zu konzedieren, was an der Argumentation des anderen richtig erscheint, zu kennzeichnen, wo die eigene Position einen anderen Weg beschreibt, und Lösungsmöglichkeiten auch daraufhin abzuklopfen, wo Konsense gefunden wurden[10]. Schließlich wurde ernsthaft überlegt, warum freie Bürger Parlamentsdebatten nicht ungekürzt wenigstens am Hörfunk verfolgen könnten. Die Möglichkeit eines Parlamentskanals wurde auch gutachterlich gründlich untersucht[11].

Die Vorsitzende hatte parlamentarische Erfahrung genug, um zu wissen, daß die zwar feierlichste, aber sicherste Art, eine Reform zu begraben, die Verweisung an eine Kommission ist. Es war von vornherein klar, daß aufmüpfige Gedanken, bestehende Regeln zu verändern, nicht gerade auf die besondere Gegenliebe der parlamentarischen Geschäftsführungen in den Fraktionen stoßen würden. Denn alles »Eingefahrene« geht auf lange praktische Erprobungen in Versuch und Irrtum zurück. Die ungeheure Fülle parlamentarischer Tagesordnungspunkte muß ja schließlich zeitlich bewältigt werden. Die strenge zeitliche Einteilung der Redner zwischen den Fraktionen muß vom Ältestenrat vereinbart werden. Damit wächst andererseits natürlich auch der Druck auf die Fraktionen, Redner auszuwählen, die den Fraktionsstandpunkt vorzutragen legitimiert sind. Die Kehrseite der Medaille ist die, daß der einzelne Abgeordnete kaum in der Lage ist, zu einem anderen als einem eingeteilten Thema zu Wort zu kommen. Frau Hamm-Brücher verstand es mit Mehrfachstrategie, diese schwierige Klippe zu umschiffen: Zum einen wurden parlamentarische Geschäftsführer immer wieder zu den Sitzungen der Initiative eingeladen, zum anderen wurde eine Ad-hoc-Kommission unter Leitung des Bundestagspräsidenten eingerichtet, an der Vertreter der Initiative teilnahmen und in der aus der Fülle der vorgelegten Vorschläge praktikable Kompromisse ausgewählt wurden[12].

Schützenhilfe suchte sich Frau Hamm-Brücher schließlich aber dort, wo die Parlamentsarbeit kulminiert: beim Präsidium des Deutschen Bundestages. Sowohl Präsident Jenninger als auch Präsidentin Süssmuth haben nicht nur an Sitzungen der Initiative teilgenommen oder diese zu Gesprächen eingeladen, sondern haben auch selbst Vorschläge mit eingebracht[13].

Besondere Erwähnung verdienen die Selbstverständnis-Debatten des Deutschen Bundestages im Zusammenhang mit der Erörterung von Anträgen, die die Initiative eingebracht hatte. Abgesehen davon, daß in den Debatten anregende und interessante Beiträge auch von solchen Kolleginnen und Kollegen kamen, die an der laufenden Arbeit der Initiative wenig Anteil genommen hatten – was ich aber nicht als negatives Anzeichen werten will, sondern als positives deshalb, weil ebenso wie bei der ursprünglichen Anmeldung zur Arbeit die Sympathie für die Parlamentsreform weit über die kleine Gruppe hinausgegangen ist –, abgesehen davon also zeigte der Verlauf dieser Debatten, daß das Gesamtthema weit über Geschäftsordnungsmäßiges hinausging und an die Grundfrage rührte, wie parlamentarische Demokratie lebendig und akzeptabel gehalten werden kann.

Die handgreiflichen Erfolge der Initiative, insbesondere im Hinblick auf die Geschäftsordnung, mögen bescheiden erscheinen. Kritiker haben vor allem darauf hingewiesen, daß als dringlich erscheinende Neuerungen insgesamt keinen besonderen Anklang fanden. So etwa erging es der »Regierungsbefragung«, die zunächst versuchsweise und inzwischen relativ stetig[14] am Mittwoch um 13.00 Uhr stattfindet. Ihr war von der Initiative deshalb besondere Bedeutung zugemessen worden, weil deutlich werden sollte, daß das Kabinett, das in der Regel am Mittwochvormittag tagt, nicht zunächst vor die Presse, sondern vor den Bundestag gehen sollte. Tatsächlich ist die Teilnahme an dieser Regierungsbefragung oft sehr dürftig geblieben. Oft waren auf der Regierungsbank mehr Personen vertreten als im fragenden Plenum. Auch neugeschaffene Möglichkeiten, wie die Kurzintervention, werden nur zögerlich genutzt und sind zum Teil nicht bekannt[15].

Zusammenfassend möchte ich aber sagen, daß es der große Verdienst von Frau Dr. Hildegard Hamm-Brücher gewesen ist, die Notwendigkeit der kontinuierlichen Parlamentsreform im Bewußtsein der Kolleginnen und Kollegen wachzuhalten und die Grenzen der konventionellen Geschäftsordnungsdiskussionen gesprengt zu haben.

Anmerkungen

1 »Erste Überlegungen und Vorschläge zur Berücksichtigung des Artikels 38 Abs. I Grundgesetz in der parlamentarischen Arbeit« werden im April 1984 an den damaligen Bundestagspräsidenten Dr. Rainer Barzel übermittelt; die »Interfraktionelle Initiative Parlamentsreform« wird am 4.10.1984 gegründet.

2 Die »Ersten Überlegungen« im April 1984 werden von 56 Abgeordneten unterzeichnet; das Grundsatz- und Arbeitspapier am Beginn der 11. Wahlperiode 1987 unterstützen 137 Mitglieder des Bundestages.

3 An den Treffen der Initiative nahmen in der Regel ca. 20 Mitglieder teil.

4 Es haben mehr als 30 Sitzungen stattgefunden.

5 Anträge der IPR: Bundestagsdrucksachen 10/1983, 10/3725–3730, 10/4218, 11/245 u. 246, 11/411 (neu), 11/2206–2209.

6 Die IPR bildete am 16.10.1987 die Arbeitskreise
- Ausschußarbeit
- Informations- und Fragerecht
- Parlament und Bürger
- Parlament und Verwaltung
- Petitionsrecht
- Redeordung.

7 Plenardebatten fanden statt am

– 20.9.1984, Plenarprotokoll 10/85
– 30.1.1986, Plenarprotokoll 10/194
– 10.12.1986, Plenarprotokoll 10/255
– 18.9.1987, Plenarprotokoll 11/28
– 13.12.1989, Plenarprotokoll 11/184.

8 Gespräche des Arbeitskreises »Parlament und Bürger« mit dem Besucherdienst des Presse- und Informationsamtes der Bundesregierung fanden am 19.5.1988 und am 20.6.1988 statt.

9 Entwurf des Fragebogens:
Lieber Besuch!
Ehe Sie Bonn wieder verlassen, hätten wir gern gewußt, wie Sie diese Reise beurteilen. Bitte kreuzen Sie an, was für Sie persönlich zutrifft.

1. Wie war's?
   – zu anstrengend
   – anstrengend, aber schön
   – schön
2. Was hat Ihnen gefallen/nicht gefallen?
   (zur Bewertung der einzelnen Fragen haben Sie vier Möglichkeiten: Kreuzen Sie bitte an, was für Sie zutrifft):
   1 = bin begeistert
   2 = hat sich gelohnt
   3 = hat sich eigentlich nicht gelohnt
   4 = bin sehr enttäuscht

a) Bonn-Reise insgesamt	1 2 3 4
b) Besuch im Bundestag	1 2 3 4
c) Gespräch mit Abgeordneten	1 2 3 4
d) Gespräch im Ministerium für	
. . . .	1 2 3 4
. . . .	1 2 3 4
. . . .	1 2 3 4
e) Besuch im Presse- und Informationsamt	1 2 3 4
f) Besuch in der Landesvertretung	1 2 3 4
g) Besuch in der Parteizentrale	1 2 3 4
h) Stadtrundfahrt	1 2 3 4
i) Bootsfahrt	1 2 3 4
k) Zusammensein mit der Gruppe	1 2 3 4
l) Betreuung in Bonn	1 2 3 4
m) Unterkunft	1 2 3 4
n) Verpflegung	1 2 3 4
o) Sonstiges	1 2 3 4

3. Was haben Sie am Programm vermißt?
   . . . .
   . . . .
4. Wozu hätten Sie gerne mehr Zeit gehabt?
   . . . .

5. Besondere Kritik / Besonderes Lob?

. . . .

. . . .

Zur statistischen Auswertung bitten wir Sie noch um Ihre Angaben zum Geschlecht, Alter und Berufsstand.

Geschlecht: männlich weiblich

Alter: – unter 20 – 40–49 – 70 und älter
– 20–29 – 50–59
– 30–39 – 60–69

Berufsstand: – Schüler(in) / Student(in)
– in Ausbildung
– berufstätig
– Hausfrau / Hausmann
– Rentner(in) / Pensionär(in)
– arbeitslos.

10 Siehe dazu auch Plenarprotokoll 11 / 184, S. 14209.

11 Gutachten der Wissenschaftlichen Dienste des Deutschen Bundestages: »Parlamentsfunk und Parlamentsfernsehen im Ausland« von RD Dr. Dr. Kolbe (vom 10. 11. 1988, Reg.-Nr. WF III – 142 / 88).
»Die rechtlichen Grundlagen des Parlamentsfunks und -fernsehens« von RD Dr. Dr. Kolbe (vom 14. 11. 1988, Reg.-Nr. WF VIII-143 / 88).
»Parlamentsfernsehen – technische Möglichkeiten und Voraussetzungen« von VAe Dipl.-Ing. Folgmann (vom 21. 11. 1988, Reg.-Nr. WF VIII–154 / 88).

12 Einsetzung durch Entschließungsantrag auf Bundestagsdrucksache 10/1983, konstituierende Sitzung am 2. 10. 1984, bis zum 18. 6. 1985 insgesamt 14 Sitzungen.

13 Gespräch von Bundestagspräsident Dr. Jenninger mit der IPR über Vorstellungen und Vorschläge zur Parlamentsreform am 13. 3. 1985.
Vorschläge zur Verbesserung der polititschen Arbeit von Bundestagspräsident Dr. Jenninger an den Ältestenrat vom 11. 9. 1987 (abgedruckt in »Das Parlament«, Nr. 40–41, 3. / 10. 10. 1987).
Gespräch von Bundestagspräsident Dr. Jenninger mit der IPR am 12. 1. 1988.
Vorbesprechung von Bundestagspräsidentin Prof. Süssmuth mit Vertretern der IPR am 7. 3. 1989.
Gespräch von Bundestagspräsidentin Prof. Süssmuth mit der IPR am 25. 4. 1989.

14 Drei versuchsweise »Kabinettsberichterstattungen« fanden statt am 11. 9., 25. 9. und 2. 10. 1985.
Die erste »Regierungsbefragung« wurde am 12. 10. 1988 abgehalten, seit Anfang 1989 findet sie regelmäßig statt.

15 Siehe § 32 der Geschäftsordnung des Deutschen Bundestages.

Carl Friedrich von Weizsäcker

Die gemeinsame Wahrheitssuche – Ein Grußwort

Liebe Frau Hamm-Brücher!
Wenigstens ein Grußwort sollen Sie von mir, nach jahrzehntelanger immer wiederholter Zusammenarbeit, in diesem Band vorfinden. »Nichts vom Vergänglichen, wie's auch geschah« (Faust II) im heutigen Gruß, sondern die kleine Frage: Was war eigentlich in dieser Arbeit unsere gemeinsame Überzeugung?

Meine Version: 1932, zwanzigjährig, konnte ich nicht mehr an die Stabilität der bürgerlichen Welt glauben, der ich entstammte. Die 56 Jahre von 1933 bis 1989 haben dann der Menschheit die Unerträglichkeit und Unhaltbarkeit der Alternativen demonstriert, die gegen diese Welt aufgebaut worden waren. Was hat mich schon seit 1945 bewogen, Politik im liberalen Geiste zu versuchen? Ich habe es mir damals etwa so zurechtgelegt:

Es gibt einen unerläßlichen Zusammenhang zwischen Freiheit und Wahrheit. Demokratie heißt Entscheidung durch die Betroffenen. Das soll sein – aber ist es möglich? Technisch durch das Repräsentativsystem. Grundsätzlich durch die gemeinsame Wahrheitssuche, gerade auch in der öffentlichen Debatte. Dazu gehört Meinungs- und Äußerungsfreiheit. Aus der Wissenschaft kenne ich das: Ein Student kann gegen Einstein recht behalten, wenn er ein klares Argument vorbringt. Kein Einzelner, keine herrschende Gruppe hat immer recht. Die verblüffend wieder zu Ehren gekommene Marktwirtschaft hatte bei Adam Smith eine egalitäre Ideologie: Der »gesunde Egoismus!« und damit die Intelligenz und der Fleiß von Millionen ist der Intelligenz und dem Fleiß jeder Funktionärsschicht überlegen.

All dies konnte man 1932 auch schon sagen. Warum hat es damals die Mehrheit meiner Generation nicht überzeugt?

Die gemeinsame Wahrheitssuche geht immer wieder in den Machtkämpfen unter, die als Wahlkämpfe zivilisierter, aber nicht sehr viel moralischer sind als der bewaffnete Konflikt. Die Wahrheitssuche bedarf der doppelten Liebe: zur Wahrheit und zum Mitmenschen. »Wer wird der Größte sein im Himmelreich? – Wenn ihr nicht werdet wie eines dieser Kinder, werdet ihr nicht ins Himmelreich kommen« (Matth. 18. 1,3). Das »Reich der Himmel« in diesen Reden ist diesseitig gemeint, es ist schon gekommen, es ist der Sauerteig, es wächst wie das Senfkorn zum Baum.

Wir haben es noch einmal mit der gemeinsamen Wahrheitssuche versucht. Ihnen, Hildegard Hamm-Brücher, ist es immer um die Liebe zur Wahrheit und zum Mitmenschen gegangen. Deshalb wollen wir Ihre Verbündeten sein und bleiben.

Ihr

Carl Friedrich von Weizsäcker

Hildegard Hamm-Brücher: Lebensdaten und Veröffentlichungen

(zusammengestellt von Marion Mayer)

Lebensdaten

1921	geboren am 11. Mai in Essen
1927–1940	Schulbesuch in Berlin, Dresden, Schloß Salem, Konstanz (Abitur)
1940–1945	Studium der Chemie in München, Promotion bei Nobelpreisträger Professor Heinrich Otto Wieland
1945–1948	Wissenschaftliche Redakteurin bei der »Neuen Zeitung«, München
1948–1956	1948 Wahl zur jüngsten Stadträtin des Münchener Stadtparlaments, Themen: Frauen-, Jugend- und Schulpolitik
1949–1950	Studium an der Harvard University, USA
1950–1966	Landtagsabgeordnete im Bayerischen Landtag, Engagement vor allem als Bildungspolitikerin
1963–1976	Mitglied des F.D.P.-Bundesvorstands
1964	Gründerin der Theodor-Heuß-Stiftung zur Förderung der politischen Bildung und Kultur e. V. und seitdem deren Vorsitzende
1966	Initiatorin des ersten Volksbegehrens zur Abschaffung der konfessionellen Trennung an Volksschulen
1967–1969	Staatssekretärin im Hessischen Kultusministerium, Initiatorin der ersten freiwilligen Gesamtschulen
1969–1972	Staatssekretärin im Bundesministerium für Bildung und Wissenschaft, Verfasserin des ersten und einzigen »Bildungsberichts« (1970) der Bundesregierung, verantwortlich für das Hochschulrahmengesetz und für die Schaffung der Bund-Länder-Kommission für Bildungsplanung und Forschungsförderung
seit 1970	Mitglied des Goethe-Instituts
1970–1976	Landtagsabgeordnete im Bayerischen Landtag, zuletzt Fraktionsvorsitzende
1972–1976	Stellvertretende Bundesvorsitzende der F.D.P.
seit 1976	Mitglied des Deutschen Bundestages
1976–1982	Staatsministerin im Auswärtigen Amt, neben den allge-

	meinen Aufgaben eines Staatsministers vor allem Engagement im Bereich der Auswärtigen Kulturpolitik, erste Koordinatorin für deutsch-amerikanische Beziehungen
1980	Ehrendoktor der Katholischen Universität in Lima (Peru) für ihre Verdienste um die Förderung der kulturellen Zusammenarbeit mit den Entwicklungsländer
1982–1990	Arbeit als Abgeordnete des Deutschen Bundestages mit dem Schwerpunkt Außenpolitik – Initiatorin und Sprecherin der Überfraktionellen Initiative Parlamentsreform
1984	Rückkehr in den Bundesvorstand der F.D.P.
seit 1985	Mitglied der 7. EKD-Synode, Mitglied des Internationalen PEN-Clubs
seit 1987	Mitglied des Stiftungsrats für den Friedenspreis des Deutschen Buchhandels
1987–1990	Außenpolitische Sprecherin der F.D.P.-Fraktion
1988	Wahl in das Parteipräsidium der F.D.P.
1990	Rückzug aus dem aktiven politischen Leben

Veröffentlichungen (u. a.)

Auf Kosten unserer Kinder, ZEIT-Buch, Hamburg 1965
Aufbruch ins Jahr 2000, Rowohlt, Reinbek 1967
Gegen Unfreiheit in der demokratischen Gesellschaft, Piper, München 1968
Über das Wagnis von Demokratie und Erziehung, Diesterweg, Frankfurt 1969
Unfähig zur Reform?, Piper, München 1972
Reform der Reform, DuMont-Schauberg, Köln 1973
Bildung ist kein Luxus, List, München 1976
Kulturbeziehungen – weltweit, Hanser, München 1980
Der Politiker und sein Gewissen, Piper, München 1983/1987/1991
Gerechtigkeit erhöht ein Volk, Piper, München 1984
Kämpfen für eine demokratische Kultur, Piper, München 1986
Der freie Volksvertreter – eine Legende?, Piper, München 1990

Mitherausgeberin der »Evangelischen Kommentare« und der Zeitschrift »liberal«

Die Autoren

Inge Aicher-Scholl, Rotis über Leutkirch
Gerhart Rudolf Baum, Bundestagsabgeordneter der F.D.P., Bundesminister a. D., stv. Bundesvorsitzender der F.D.P., Bonn
Hellmut Becker, Prof. Dr. h. c., Max-Planck-Institut für Bildungsforschung, Berlin
Klaus von Bismarck, Präsident des Goethe-Instituts a. D., München
Hans-Dietrich Genscher, Bundesaußenminister, Bonn
Erwin Hamm, Dr., Stadtrat a. D., München
Hartmut von Hentig, Dr., Prof. der Pädagogik (em.), Bielefeld
Ludwig Theodor Heuss, Dr. med., Basel
Gerda Koepff, Heidelberg
Otto Graf Lambsdorff, Dr., Bundestagsabgeordneter der F.D.P., Bundesvorsitzender der F.D.P.
Paul Noack, Dr., Prof. der Politikwissenschaft (em.), stv. Vorsitzender der Theodor-Heuss-Preis-Stiftung, Germering
Claus-Jürgen Roepke, Direktor der Evangelischen Akademie, Tutzing
Manfred Rommel, Oberbürgermeister von Stuttgart, Stuttgart
Renate Schmidt, Bundestagsabgeordnete der SPD, Vizepräsidentin des Bundestages
Hans-Jochen Vogel, Dr., Vorsitzender der SPD-Fraktion im Bundestag, Bundesvorsitzender der SPD, Bonn
Alois Graf von Waldburg-Zeil, Bundestagsabgeordneter der CSU, Argenbühl-Ratzenried
Carl Friedrich von Weizsäcker, Dr., Prof. der Physik und Philosophie, Starnberg